Korte Verhalen in het Indonesisch

Korte verhalen in Indonesisch voor beginners en gevorderden

Sri Sari

Inhoud

Inleiding

Lezen in een vreemde taal is een van de meest effectieve manieren om uw taalvaardigheid te verbeteren en uw woordenschat uit te breiden. Toch kan het soms moeilijk zijn om boeiend leesmateriaal op een geschikt niveau te vinden dat een gevoel van prestatie en vooruitgang geeft. De meeste boeken en artikelen die voor moedertaalsprekers zijn geschreven, kunnen te lang zijn en moeilijk te begrijpen, of kunnen een woordenschat op zeer hoog niveau hebben, zodat u zich overweldigd voelt en het opgeeft. Als deze problemen bekend klinken, dan is dit boek iets voor jou!

Korte Verhalen in het Indonesisch is een verzameling van 25 onconventionele en onderhoudende korte verhalen die zijn ontworpen om beginnende tot gemiddeld niveau Indonesisch lerenden te helpen hun taalvaardigheden te verbeteren.

Deze korte verhalen creëren een ondersteunende leesomgeving door het opnemen van:

- Rijke taalkundige inhoud in verschillende genres om u te vermaken en u bloot te stellen aan een verscheidenheid van woordvormen.
- Kortere verhalen in hoofdstukken om u de voldoening te geven verhalen af te maken en snel vooruitgang te boeken.
- Teksten die op uw niveau geschreven zijn, zodat ze gemakkelijker te begrijpen zijn en niet overweldigend.
- Nederlandse vertaling op wisselende pagina's, zodat u er regel voor regel direct naar kunt verwijzen terwijl u het Indonesisch verhaal leest.
- De belangrijkste woordenschat staat vetgedrukt in

het hele verhaal en de vertaling, zodat u onbekende woorden gemakkelijker kunt begrijpen.
* Begrijpelijke vragen om uw begrip van belangrijke gebeurtenissen te testen en om u aan te moedigen meer in detail te lezen.

Dus of u nu uw woordenschat wilt uitbreiden, uw begrip wilt verbeteren of gewoon voor uw plezier wilt lezen, dit boek is de grootste stap voorwaarts die u dit jaar in uw studie zult maken. Korte Verhalen in het Indonesisch geeft u alle steun die u nodig hebt, dus leun achterover, ontspan, en laat uw fantasie de vrije loop terwijl u wordt meegevoerd naar een magische wereld van avontuur, mysterie en intrige - in het Indonesisch!

Hoe dit boek te gebruiken

Lezen is een moeilijk talent om onder de knie te krijgen. We gebruiken een reeks microvaardigheden om ons te helpen lezen in onze moedertaal. We kunnen bijvoorbeeld een passage doornemen om een globaal idee te krijgen van waar het over gaat. Of we kammen een groot aantal bladzijden van een treindienstregeling door op zoek naar een specifieke tijd of plaats. Terwijl deze microvaardigheden een tweede natuur zijn bij het lezen in onze moedertaal, blijkt uit onderzoek dat we de meeste ervan vaak vergeten bij het lezen in een vreemde taal. Wanneer we een vreemde taal leren, beginnen we gewoonlijk bij het begin van een tekst en werken we ons een weg door de tekst, waarbij we elk woord proberen te begrijpen. Onvermijdelijk komen we onbekende of ingewikkelde termen tegen en raken we geïrriteerd door ons onvermogen om ze te begrijpen.

Een van de grootste voordelen van het lezen in een vreemde taal is dat je wordt blootgesteld aan een groot aantal zinnen en uitdrukkingen die in alledaagse situaties worden gebruikt. Extensief lezen is een term die wordt gebruikt om het lezen voor plezier aan te duiden om een taal te leren. Het is niet zoals het lezen van een tekstboek, wanneer gesprekken of teksten zijn ontworpen om langzaam en zorgvuldig te worden gelezen met het doel om elk woord te begrijpen. "Intensief lezen" verwijst naar lezen dat wordt gedaan om specifieke leerdoelen te bereiken of taken te voltooien. Anders gezegd, intensief lezen in tekstboeken helpt meestal bij het leren van grammaticaregels en bepaalde woordenschat, maar extensief lezen van verhalen helpt bij het leren van natuurlijke taal.

Korte Verhalen in het Indonesisch biedt u de mogelijkheid om meer te leren over natuurlijk Indonesisch taalgebruik, ook al bent u uw taalleertocht misschien begonnen met uitsluitend tekstboeken. Hier zijn een paar tips om in gedachten te houden als u de verhalen in dit boek leest om er het meeste uit te halen: Als het op lezen aankomt, zijn plezier en een gevoel van vervulling van cruciaal belang. Je blijft terugkomen voor meer omdat je geniet van wat je aan het lezen bent. Elk verhaal van begin tot eind lezen is de beste methode om plezier te beleven aan het lezen van verhalen en je volbracht te voelen. Het belangrijkste is dan ook om het einde van een verhaal te halen. Dat is eigenlijk nog belangrijker dan elk woord te kennen.

Hoe meer je leest, hoe meer kennis je zult opdoen. U zult snel een kennis hebben van hoe Indonesisch werkt als u grotere boeken leest voor uw plezier. Bedenk echter wel dat u, om ten volle van de voordelen van extensief lezen te kunnen profiteren, eerst een voldoende omvangrijk boek moet lezen. Door hier en daar een paar bladzijden te lezen leert u misschien een paar nieuwe woorden, maar het zal geen significant verschil maken in uw algehele niveau van Indonesisch.

Accepteer dat je niet alles zult begrijpen van wat je in een roman leest. Dit is, zonder twijfel, het meest cruciale punt! Onthoud altijd dat het volkomen aanvaardbaar is dat u niet alle woorden of zinnen begrijpt. Het betekent niet dat je taalvaardigheden ontoereikend zijn of dat je slecht presteert. Het geeft aan dat u actief betrokken bent bij het leerproces.

Leesgids

Om het meeste uit het lezen van Korte Verhalen in het Indonesisch te halen, kunt u het beste dit eenvoudige leesproces in zes stappen volgen voor elk hoofdstuk van de verhalen:

1. Lees de titel van het hoofdstuk. Denk na over waar het verhaal over zou kunnen gaan. Lees dan het verhaal helemaal door. Uw doel is gewoon het einde van het verhaal te bereiken. Stop daarom niet om woorden op te zoeken en maak u geen zorgen als er dingen zijn die u niet begrijpt. Probeer gewoon de plot te volgen.

2. Wanneer u het einde van het verhaal hebt bereikt, scant u de Nederlandse vertaling om te zien of u hebt begrepen wat er is gebeurd en pikt u alle context op die u misschien hebt gemist.

3. 3. Ga terug en lees hetzelfde verhaal opnieuw. Als u wilt, kunt u zich meer op de details van het verhaal concentreren, maar anders leest u het gewoon nog een keer door.

4. 4. Werk vervolgens door de begripsvragen in Indonesisch om te controleren of u de belangrijkste gebeurtenissen in het verhaal begrijpt. Als u de vragen niet helemaal begrijpt, hoeft u zich geen zorgen te maken. Gebruik uw kennis om zo goed mogelijk te antwoorden.

5. Op dit punt moet u de belangrijkste gebeurtenissen van het hoofdstuk enigszins begrijpen. Als dat niet het geval is, kunt u het hoofdstuk een paar keer herlezen, waarbij u de vertaling gebruikt om onbekende woorden

en zinnen te controleren, totdat u zich zeker voelt.

Zodra u klaar bent en zeker weet dat u begrijpt wat er is gebeurd - of dat nu na één lezing van het verhaal is of na meerdere - gaat u verder met het volgende verhaal en geniet u verder van het verhaal in uw eigen tempo, net zoals u van elk ander boek zou genieten.

Pas als u een verhaal in zijn geheel hebt uitgelezen, moet u overwegen terug te gaan en de verhaaltaal desgewenst verder uit te diepen. Of in plaats van u zorgen te maken of u alles begrijpt, de tijd te nemen om u te concentreren op alles wat u hebt begrepen en uzelf te feliciteren met alles wat u hebt gedaan.

Korte Verhalen
in het Indonesisch

Pulau Bali

Matahari terbenam di atas pulau Bali, dan sinar cahaya terakhir menyinari ombak yang menerjang pantai. Suara ombak itu menenangkan, dan membuat saya merasa damai. Saya memejamkan mata dan menarik napas dalam-dalam, **mencium aroma** udara yang asin. Saya merasakan **seseorang** duduk di sebelah saya, dan saya **membuka** mata untuk melihat siapa orang itu. Itu adalah seorang gadis seusiaku dengan rambut hitam panjang dan mata coklat gelap. Dia **tersenyum** padaku, dan aku tidak bisa menahan senyumku kembali. Kami duduk di sana dalam keheningan untuk sementara waktu, hanya menyaksikan matahari terbenam. Akhirnya, dia berbicara. "Namaku Maya," katanya dengan lembut. "Siapa namamu?" Saya menjawab, "Saya Alex." Senang bertemu denganmu. Kami duduk di sana berbicara selama berjam-jam, sampai hari mulai gelap.

Akhirnya, kami mengucapkan selamat tinggal dan berpisah. Tetapi saya tahu bahwa saya tidak akan pernah melupakan momen itu atau gadis itu. Maya dan saya menjadi teman yang cepat setelah pertemuan pertama itu. Kami menghabiskan waktu setiap hari **bersama**, menjelajahi pulau dan saling mengenal satu sama lain dengan lebih baik. Saya mengetahui

Eiland Bali

De zon ging onder boven het eiland Bali, en de laatste lichtstralen schenen op de golven die tegen de kust sloegen. Het geluid van de golven was rustgevend, en het gaf me een vredig gevoel. Ik sloot mijn ogen en ademde diep in, de zilte lucht opsnuivend. Ik voelde dat **er iemand** naast me kwam zitten, en ik **opende** mijn ogen om te zien wie het was. Het was een meisje van ongeveer mijn leeftijd met lang zwart haar en donkerbruine ogen. Ze **glimlachte** naar me, en ik kon het niet helpen terug te glimlachen. We zaten daar een tijdje in stilte, kijkend naar de zonsondergang. Eindelijk sprak ze. "Mijn naam is Maya," zei ze zacht. "Wat is jouw naam?" Ik antwoordde, "Ik ben Alex." Leuk je te ontmoeten. We zaten daar uren te praten, totdat het donker begon te worden.

 Uiteindelijk namen we afscheid en gingen onze eigen weg. Maar ik wist dat ik dat moment of dat meisje nooit zou vergeten. Maya en ik werden snel vrienden na die eerste ontmoeting. We brachten elke dag **samen door**, verkenden het eiland en leerden elkaar beter kennen. Ik kwam te weten dat ze uit een klein dorpje in de bergen kwam, en dat ze naar het strand was gekomen voor een andere omgeving. Ze vertelde me over haar leven thuis, en ik deelde mijn eigen verhalen met haar. We

bahwa dia berasal dari sebuah desa kecil di pegunungan, dan dia datang ke pantai untuk mengubah pemandangan. Dia bercerita tentang kehidupannya di kampung halamannya, dan saya berbagi cerita tentang kehidupan saya sendiri dengannya. Kami tertawa bersama, menangis bersama, dan hanya menikmati **kebersamaan** satu sama lain. Suatu hari, Maya bertanya kepada saya apakah saya ingin pergi bertualang bersamanya. Dia mengatakan bahwa ada tempat yang ingin dia tunjukkan kepada saya yang sangat istimewa baginya. Tentu saja saya mengiyakan, dan kami berangkat ke hutan. Setelah berjalan berjam-jam, akhirnya kami tiba di tempat **tujuan** kami: sebuah air terjun tersembunyi jauh di dalam hutan.

Maya telah **datang** ke sini sejak dia masih kecil, dan tempat ini menyimpan banyak kenangan baginya. Kami duduk di tepi air dan berbincang-bincang lagi sambil menyaksikan matahari terbenam di balik pepohonan. Saat malam mulai tiba, Maya **menyarankan** agar kami kembali ke rumah sebelum hari menjadi terlalu gelap. Tetapi saya tidak ingin waktu kami bersama berakhir begitu saja. Saya **menyarankan** agar kami menghabiskan malam di sana, di bawah bintang-bintang. Maya ragu-ragu pada awalnya, tetapi kemudian dia setuju. Jadi kami membuat tempat tidur darurat dari dedaunan dan ranting-ranting pohon, dan kami berbaring berdampingan untuk melihat ke langit.

lachten samen, huilden samen, en genoten gewoon van elkaars **gezelschap**. Op een dag vroeg Maya me of ik met haar op avontuur wilde gaan. Zij zei dat er een plaats was die zij mij wilde tonen die zeer speciaal voor haar was. Natuurlijk zei ik ja, en we trokken de jungle in. Na wat voelde als uren lopen, kwamen we eindelijk aan op onze **bestemming**: een verborgen waterval diep in de jungle.

 Maya **kwam** hier al sinds ze een klein meisje was, en het had veel herinneringen voor haar. We gingen aan de rand van het water zitten en praatten nog wat na terwijl we de zon achter de bomen zagen ondergaan. Toen de avond begon te vallen, **stelde** Maya **voor** dat we terug naar huis zouden gaan voordat het te donker werd. Maar ik wilde onze tijd samen nog niet beëindigen. Ik **stelde voor** dat we de nacht daar zouden doorbrengen, onder de sterren. Maya aarzelde eerst, maar toen stemde ze toe. Dus maakten we een geïmproviseerd bed van bladeren en takken, en we gingen zij aan zij liggen om naar de hemel te kijken.

Pertanyaan Pemahaman

1. Dari mana Maya berasal?

2. Apa yang dilakukan Maya dan Alex bersama-sama?

3. Tempat khusus apa yang dibawa Maya kepada Alex?

4. Bagaimana perasaan Alex dan Maya tentang satu sama lain?

5. Mengapa Maya harus meninggalkan Bali?

6. Apa yang dilakukan Alex dan Maya untuk tetap berhubungan?

7. Bagaimana cerita akan berakhir berbeda jika Alex tidak menyarankan untuk bermalam di air terjun?

8. Menurut Anda, apa yang diwakili oleh kuil itu bagi Maya?

9. Menurut Anda, apa yang ingin disampaikan oleh penulis tentang persahabatan?

10. Apa saja pengalaman Anda sendiri tentang persahabatan?

Begrip vragen

1. Waar kwam Maya vandaan?

2. Wat deden Maya en Alex samen?

3. Wat was de speciale plaats waar Maya Alex mee naartoe nam?

4. Wat voelden Alex en Maya voor elkaar?

5. Waarom moest Maya Bali verlaten?

6. Wat deden Alex en Maya om in contact te blijven?

7. Hoe zou het verhaal anders zijn afgelopen als Alex niet had voorgesteld de nacht bij de waterval door te brengen?

8. Wat denk je dat de tempel voor Maya betekende?

9. Wat denk je dat de auteur probeert te zeggen over vriendschap?

10. Wat zijn enkele van uw eigen ervaringen met vriendschap?

Candi Borobudur

Matahari terbenam di balik **pegunungan**, memancarkan warna jingga yang indah di langit. Candi Borobudur menjulang di depan saya, batu-batu kunonya diterangi oleh sinar **matahari** terakhir. Saya merasakan kekaguman saat **mendekati** tempat suci ini. Saya telah membaca tentang Borobudur di buku-buku dan melihat foto-fotonya, tetapi tidak ada yang bisa mempersiapkan saya untuk pemandangan di depan saya.

Kuil itu sangat besar, dengan ukiran-ukiran yang rumit di setiap permukaannya. Saya bisa melihat figur-figur Buddha duduk bermeditasi, **dikelilingi** oleh hewan-hewan dan simbol-simbol lainnya. Sungguh **menakjubkan**. Saat saya berjalan mendekati kuil, saya merasakan rasa damai menyelimuti saya. Tempat ini memancarkan ketenangan dan ketenteraman, dan saya tahu bahwa saya akan menemukan **jawaban** atas **pertanyaan-pertanyaan** saya di sini. Saya berjalan melewati **pintu masuk** kuil dan masuk ke ruang utama. Di dalamnya sejuk dan gelap, dan saya bisa melihat lilin-lilin yang **berkedip-kedip** di ceruk-ceruk di sekitar ruangan.

Tempel van Borobudur

De zon ging onder achter de **bergen** en wierp een prachtige oranje gloed aan de hemel. De tempel van de Borobudur doemde voor me op, zijn oude stenen verlicht door de laatste **zonnestralen**. Ik voelde een gevoel van ontzag toen ik deze heilige plaats **naderde**. Ik had over de Borobudur gelezen in boeken en er foto's van gezien, maar niets kon mij voorbereiden op het schouwspel dat voor mij lag.

De tempel was enorm, met ingewikkeld beeldhouwwerk op elk oppervlak. Ik kon figuren zien van Boeddha die in meditatie zat, **omringd** door dieren en andere symbolen. Het was werkelijk **adembenemend**. Toen ik dichter bij de tempel liep, voelde ik een gevoel van vrede over me komen. Deze plek straalde kalmte en sereniteit uit, en ik wist dat ik hier **antwoorden** op mijn **vragen** zou vinden. Ik liep door de **ingang** van de tempel en ging de hoofdkamer binnen. Het was er koel en donker, en ik zag kaarsen **flikkeren** in nissen rondom de kamer.

Ik voelde een gevoel van **eerbied** toen ik naar het beeld van **Boeddha** in het midden van de kamer keek. Ik ging met mijn benen gekruist voor Boeddha zitten, sloot mijn

Saya merasakan rasa **hormat** saat saya melihat patung **Buddha** di tengah ruangan. Saya duduk bersila di depan Buddha dan memejamkan mata, mulai bermeditasi. Saya membiarkan semua pikiran meninggalkan pikiran saya dan hanya fokus pada napas saya. Setelah beberapa waktu, saya merasakan rasa damai yang mendalam menetap di dalam diri saya. **Tiba-tiba**, saya mendengar suara yang berbicara kepada saya dari dalam pikiran saya sendiri. "Jangan mencari jawaban dari orang lain, tetapi temukanlah jawaban itu di dalam diri Anda sendiri." Suara itu tenang dan **menenangkan**, dan itu memenuhi saya dengan **kekuatan** dan **keyakinan**. "Anda tahu bahwa Anda memiliki semua yang Anda butuhkan untuk menemukan jalan Anda. Dengan kata-kata ini bergema di kepala saya, saya membuka mata dan bangkit dari meditasi. Saya merasa lebih ringan dari sebelumnya, seolah-olah ada beban yang terangkat dari diri saya.

Saat saya meninggalkan Candi Borobudur, saya menyadari bahwa tempat ini bukan hanya tentang menemukan jawaban. Ini adalah tentang **menemukan** diri saya sendiri. Dan untuk itu, saya selamanya bersyukur. Matahari telah terbit pada saat saya meninggalkan candi, dan saya merasakan awal yang baru saat saya berjalan kembali menyusuri jalan setapak. Jawaban yang saya cari ada di dalam diri saya selama ini, dan **Borobudur** telah membantu saya untuk menemukannya.

ogen en begon te mediteren. Ik liet alle gedachten uit mijn hoofd en concentreerde me op mijn ademhaling. Na enige tijd voelde ik een diep gevoel van vrede in mij. **Plotseling** hoorde ik een stem tot mij spreken vanuit mijn eigen geest. "Zoek geen antwoorden bij anderen, maar vind ze in jezelf." De stem was kalm en **rustgevend**, en vervulde me met **kracht** en **vertrouwen**. "Je weet dat je alles hebt wat je nodig hebt om je weg te vinden. Met deze woorden echoënd in mijn hoofd, opende ik mijn ogen en stond op uit de meditatie. Ik voelde me lichter dan voorheen, alsof er een gewicht van me af was gevallen.

Toen ik de Borobudur tempel verliet, realiseerde ik me dat deze plek niet alleen was om antwoorden te vinden. Het ging over **het ontdekken van** mezelf. En daar ben ik eeuwig dankbaar voor. De zon was al opgekomen toen ik de tempel verliet, en ik voelde een gevoel van een nieuw begin toen ik het pad weer afliep. De antwoorden die ik zocht had ik altijd al in me gehad, en **de Borobudur** had me geholpen ze te vinden.

Pertanyaan Pemahaman

1. Apa yang dirasakan penulis ketika mendekati candi Borobudur?

2. Apa yang dipikirkan penulis tentang kuil setelah melihatnya?

3. Apakah yang penulis perhatikan tentang ukiran-ukiran di kuil?

4. Bagaimanakah perasaan penulis ketika memasuki ruang utama Bait Suci?

5. Apakah yang dilihat oleh penulis di ruang utama Bait Suci?

6. Apa yang terjadi pada pengarang ketika bermeditasi di depan patung Buddha?

7. Apa reaksi pengarang terhadap suara yang berbicara kepada mereka?

8. Bagaimana perasaan penulis setelah meninggalkan kuil?

9. Menurut penulis, apa tujuan candi Borobudur?

10. Apa rencana penulis setelah mengunjungi candi Borobudur?

Begrip vragen

1. Wat voelt de schrijver bij het naderen van de Borobudur tempel?

2. Wat denkt de schrijver van de tempel bij het zien ervan?

3. Wat valt de schrijver op aan het beeldhouwwerk in de tempel?

4. Hoe voelt de schrijver zich bij het binnengaan van de hoofdkamer van de tempel?

5. Wat ziet de schrijver in de hoofdkamer van de tempel?

6. Wat gebeurt er met de auteur terwijl hij mediteert voor het beeld van Boeddha?

7. Wat is de reactie van de auteur op de stem die tot hen spreekt?

8. Hoe voelt de schrijver zich bij het verlaten van de tempel?

9. Wat denkt de auteur dat het doel van de Borobudur tempel is?

10. Wat is het plan van de schrijver na zijn bezoek aan de Borobudur tempel?

Sawah Terasering

Matahari terbenam di atas sawah, memancarkan cahaya jingga yang indah di atas **lanskap**. Itu adalah pemandangan yang damai, pemandangan yang **tidak berubah** selama berabad-abad. Tetapi ada sesuatu yang berbeda di udara **malam ini**. Perasaan gembira dan antisipasi Malam ini, roh-roh sawah akan menjadi hidup. Hanya untuk satu malam saja, mereka akan menari dan bernyanyi dan merayakan kehidupan. Ini adalah **peristiwa** khusus yang hanya terjadi sekali setiap seratus tahun, dan semua orang sangat ingin menyaksikannya. Saat **kegelapan** turun, roh pertama muncul. Dia adalah seorang wanita muda dengan rambut hitam panjang yang tergerai di punggungnya. Dia mengenakan pakaian **tradisional** yang terbuat dari kain berwarna cerah, dan dia membawa sekeranjang beras di kepalanya.

Perlahan tapi pasti, lebih banyak roh-roh mulai bermunculan dari seluruh penjuru teras sampai ada **ratusan** dari mereka berkumpul bersama di satu tempat." Tanah bergetar dan pohon-pohon bergoyang seolah-olah terjebak dalam angin kencang. Itu adalah pemandangan yang **menggembirakan** untuk dilihat. Musiknya cepat dan meriah, dan segera membuat semua orang dalam keadaan seperti kesurupan.

De rijstterrassen

De zon ging onder boven de rijstterrassen en wierp een prachtige oranje gloed over het **landschap**. Het was een vredig tafereel, een dat al eeuwen onveranderd was. Maar er hing **vanavond** iets anders in de lucht. Een gevoel van opwinding en anticipatie Vanavond zouden de geesten van de rijstterrassen tot leven komen. Slechts voor één nacht zouden ze dansen en zingen en het leven vieren. Het was een speciale **gelegenheid** die maar eens In de honderd jaar voorkwam, en iedereen stond te popelen om er getuige van te zijn. Toen **de duisternis** viel, verscheen de eerste geest. Het was een jonge vrouw met lang zwart haar dat van haar rug af viel. Ze droeg een **traditionele** jurk van felgekleurde stof, en ze droeg een mand met rijst op haar hoofd.

Langzaam maar zeker verschenen er meer geesten uit alle hoeken van de terrassen, tot er **honderden** op één plek bijeen waren. "Toen de geesten begonnen te dansen, creëerden zij een wervelende draaikolk van **energie**, die de lucht vulde met een **elektrische** lading." De grond beefde en de bomen zwaaiden alsof ze gevangen waren door een sterke wind. Het was een **opwindend** schouwspel om te zien. De muziek was snel en levendig, en had iedereen al snel in een trance-

Mereka menari sepanjang malam, sampai matahari mulai terbit kembali. Saat fajar menyingsing, para arwah perlahan-lahan **menghilang** kembali ke sawah, hanya meninggalkan tawa dan kenangan malam ajaib ini. Selama sisa hidup mereka, mereka yang telah **menyaksikan** roh-roh sawah menari tidak akan pernah melupakan malam ajaib itu.

Itu adalah pengalaman yang akan mereka **kenang** selamanya. Keesokan harinya, **semua orang** membicarakan tentang peristiwa malam sebelumnya. Mereka semua sepakat bahwa itu adalah salah satu hal paling **menakjubkan yang** pernah mereka lihat. Sawah-sawah menjadi hidup dan menari untuk mereka. Itu adalah pengalaman yang benar-benar ajaib. Bahkan mereka yang tidak berada di sana mengatakan bahwa mereka bisa merasakan energi dari acara tersebut dari tempat mereka berdiri. Ada rasa sukacita dan kebahagiaan di udara yang **terasa jelas**. Sepertinya segala sesuatu mungkin terjadi karena mereka telah menyaksikan keajaiban seperti itu dengan mata kepala mereka sendiri. " "Apakah Anda pikir kita akan pernah melihat sesuatu seperti itu lagi?" tanya seseorang."("Saya tidak tahu," jawab **orang** lain. "Tapi saya yakin berharap demikian." **Semua orang** menjalani hidup mereka, tetapi selalu ada perasaan gembira dan antisipasi untuk waktu berikutnya roh-roh sawah akan hidup dan menari untuk mereka sekali lagi.

achtige toestand. Ze dansten de hele nacht door, tot de zon weer begon op te komen. Bij het aanbreken van de dag **verdwenen** de geesten langzaam terug in de rijstterrassen, alleen hun gelach en herinneringen aan deze magische nacht achterlatend. Voor de rest van hun leven zouden degenen die de dansende geesten van de rijstterrassen hadden **gezien**, deze magische nacht nooit vergeten.

Het was een ervaring die ze voor altijd zouden **koesteren**. De volgende dag sprak **iedereen** over de gebeurtenissen van de vorige avond. Ze waren het er allemaal over eens dat het een van de meest **verbazingwekkende** dingen was die ze ooit hadden gezien. De rijstterrassen waren tot leven gekomen en dansten voor hen. Het was werkelijk een magische ervaring. Zelfs degenen die er niet bij waren geweest, zeiden dat ze de energie van het evenement konden voelen van waar ze stonden. Er hing een gevoel van vreugde en geluk in de lucht dat **voelbaar** was. Het leek alsof alles mogelijk was nu ze met hun eigen ogen getuige waren geweest van deze magie. "Denk je dat we ooit nog zoiets zullen meemaken?' vroeg iemand. Ik weet het niet,' antwoordde een **ander**. "Maar ik hoop het wel." **Iedereen** ging door met zijn leven, maar er was altijd een onderliggend gevoel van opwinding en anticipatie op de volgende keer dat de geesten van de rijstterrassen tot leven zouden komen en opnieuw voor hen zouden dansen.

Pertanyaan Pemahaman

1. Perasaan apa yang ada di udara pada malam ketika arwah-arwah di sawah akan datang?

2. Seberapa sering peristiwa ini terjadi?

3. Bagaimana arwah-arwah itu menghilang di akhir acara?

4. Apa reaksi orang-orang yang tidak menyaksikan peristiwa itu?

5. Apa yang ditinggalkan oleh para roh ketika mereka menghilang?

6. Apakah reaksi dari mereka yang menyaksikan peristiwa itu?

7. Apakah perasaan yang mendasari bagi mereka yang tidak menyaksikan peristiwa itu?

8. Bagaimana peristiwa itu dibandingkan dengan seratus tahun sebelumnya?

9. Apakah reaksi orang-orang yang menyaksikan peristiwa seratus tahun sebelumnya?

10. Apa yang dirasakan oleh mereka yang menyaksikan peristiwa seratus tahun sebelumnya?

Begrip vragen

1. Welk gevoel hing er in de lucht op de avond dat de geesten van de rijstterrassen tot leven zouden komen?

2. Hoe vaak komt deze gebeurtenis voor?

3. Hoe verdwenen de geesten aan het eind van de gebeurtenis?

4. Wat was de reactie van degenen die geen getuige waren van de gebeurtenis?

5. Wat hebben de geesten achtergelaten toen ze verdwenen?

6. Wat was de reactie van hen die getuige waren van de gebeurtenis?

7. Wat was het onderliggende gevoel voor hen die geen getuige waren van de gebeurtenis?

8. Hoe was de gebeurtenis in vergelijking met honderd jaar daarvoor?

9. Wat was de reactie van hen die de gebeurtenis honderd jaar eerder meemaakten?

10. Wat was het gevoel van hen die de gebeurtenis honderd jaar eerder meemaakten?

Gunung berapi Krakatau

Gunung berapi Krakatau adalah tempat yang indah dan mematikan. Terletak di **Indonesia** dan merupakan salah satu gunung berapi paling **berbahaya** di dunia. Terakhir kali meletus, gunung ini menewaskan lebih dari 36.000 orang. Tapi itu tidak menghentikan wisatawan untuk datang melihat keindahannya. Suatu hari, sekelompok **turis** memutuskan untuk mendaki di sekitar gunung berapi. Mereka tidak siap dengan apa yang akan mereka lihat. Ketika mereka semakin dekat dengan kawah, mereka bisa merasakan panas **yang memancar** dari kawah. Mereka juga bisa melihat lava yang **menggelegak** di dalamnya. Saat mereka semakin dekat, salah satu pendaki terpeleset dan jatuh ke dalam kawah! Yang lain mencoba menolongnya, tetapi sudah terlambat; dia sudah mati. Ini menunjukkan betapa **berbahayanya** gunung berapi ini.

Meskipun **indah**, Anda harus selalu berhati-hati saat berada di dekatnya karena bisa membunuh Anda dalam sekejap! Sekelompok turis sangat terkejut setelah apa yang telah terjadi. Mereka tidak percaya bahwa seseorang telah meninggal tepat di depan mereka. Tetapi mereka tahu bahwa mereka harus

Vulkaan van Krakatoa

De vulkaan Krakatoa is een mooie en dodelijke plek. Hij ligt in **Indonesië** en is een van de **gevaarlijkste** vulkanen ter wereld. De laatste keer dat hij uitbarstte, kostte dat meer dan 36.000 mensen het leven. Maar dat weerhield toeristen er niet van om naar de schoonheid ervan te komen kijken. Op een dag besloot een groep **toeristen een wandeling** rond de vulkaan te maken. Ze waren niet voorbereid op wat ze zouden gaan zien. Toen ze dichter bij de krater kwamen, konden ze de hitte voelen **die** er vanaf straalde. Ze konden ook de lava zien **die** binnenin opborrelde. Toen ze dichterbij kwamen, gleed een van de wandelaars uit en viel in de krater! De anderen probeerden hem te helpen, maar het was te laat; hij was al dood. Zo zie je maar hoe **gevaarlijk** deze vulkaan kan zijn.

Ook al is het **prachtig**, je moet altijd voorzichtig zijn als je in de buurt bent, want het kan je in een oogwenk doden! De groep toeristen was in shock na wat er gebeurd was. Ze konden niet geloven dat iemand vlak voor hun neus was gestorven. Maar ze wisten dat ze door moesten gaan omdat er nu geen **weg** meer terug was. Terwijl ze verder wandelden, begonnen ze

terus berjalan karena tidak ada jalan **untuk** kembali sekarang. Saat mereka melanjutkan pendakian, mereka mulai mendengar suara aneh. Kedengarannya seperti ada sesuatu yang datang ke arah mereka! Mereka semua **mulai** berlari, tetapi sudah terlambat. Lahar sudah mengalir ke arah mereka dan menelan mereka semua dalam hitungan detik. Ini adalah kisah tentang kelompok wisatawan terakhir yang pernah mengunjungi Gunung Berapi Krakatau. Jika Anda pernah pergi ke sana, pastikan untuk berhati-hati karena ini adalah tempat yang sangat berbahaya! Letusan **Gunung Berapi** Krakatau adalah salah satu bencana alam paling **dahsyat** dalam sejarah. Letusan itu menewaskan lebih dari 36.000 orang dan menghancurkan segala sesuatu yang dilaluinya. Aliran laharnya begitu kuat sehingga bahkan mencapai kota Jakarta di dekatnya!

Bencana ini membuat banyak orang **trauma**, dan masih banyak yang belum pulih dari bencana ini. Gunung berapi ini sekarang sudah tidak aktif, tetapi selalu ada risiko gunung berapi ini bisa meletus lagi. Jadi, jika Anda berada di dekatnya, pastikan untuk menjauh dari kawah! Sudah beberapa tahun sejak letusan terakhir **gunung berapi** Krakatau. Kota **Jakarta** masih berusaha untuk pulih dari kerusakan yang ditimbulkannya. Tapi hidup terus berjalan, dan orang-orang perlahan-lahan mulai melupakan apa yang telah terjadi.

een vreemd geluid te horen. Het klonk alsof er iets op hen afkwam! Ze **begonnen** allemaal te rennen, maar het was te laat. De lava stroomde al op hen af en overspoelde hen allemaal binnen enkele seconden. Dit is het verhaal van de laatste groep toeristen die ooit de Krakatoa vulkaan bezochten. Als je er ooit heen gaat, wees dan voorzichtig want het is een zeer gevaarlijke plaats! De uitbarsting van de Krakatoa **vulkaan** was een van de meest **verwoestende** natuurrampen in de geschiedenis. Het doodde meer dan 36.000 mensen en verwoestte alles op zijn weg. De lavastroom was zo krachtig dat hij zelfs de nabijgelegen stad Jakarta bereikte!

Deze **ramp** heeft veel mensen **getraumatiseerd**, en velen zijn er nog steeds niet van hersteld. De vulkaan is nu inactief, maar er is altijd een risico dat hij opnieuw uitbarst. Dus, als je ooit in de buurt bent, blijf dan uit de buurt van de krater! Het was al een paar jaar geleden sinds de laatste uitbarsting van de Krakatau **vulkaan**. De stad **Jakarta** was nog steeds bezig te herstellen van de schade die de uitbarsting had aangericht. Maar het leven ging verder, en de mensen begonnen langzaam te vergeten wat er gebeurd was.

Pertanyaan Pemahaman

1. Apa itu Gunung Berapi Krakatau?

2. Di manakah Gunung Berapi Krakatau berada?

3. Kapan terakhir kali Gunung Krakatau meletus?

4. Berapa banyak orang yang tewas ketika Gunung Krakatau terakhir meletus?

5. Apa yang dilihat oleh kelompok wisatawan saat mereka semakin dekat ke kawah?

6. Apa yang terjadi pada turis yang jatuh ke dalam kawah?

7. Suara apakah yang didengar oleh kelompok wisatawan saat mereka melanjutkan pendakian?

8. Apa yang terjadi pada kelompok wisatawan?

9. Apa kerusakan yang diakibatkan oleh letusan Gunung Krakatau?

10. Apa risiko Gunung Krakatau meletus lagi?

Begrip vragen

1. Wat is de Krakatoa vulkaan?

2. Waar ligt de vulkaan Krakatoa?

3. Wat is de laatste keer dat de Krakatoa vulkaan is uitgebarsten?

4. Hoeveel mensen kwamen om toen de Krakatoa vulkaan voor het laatst uitbarstte?

5. Wat zag de groep toeristen toen ze dichter bij de krater kwamen?

6. Wat gebeurde er met de toerist die in de krater viel?

7. Wat was het geluid dat de groep toeristen hoorde toen zij hun wandeling voortzotten?

8. Wat is er met de groep toeristen gebeurd?

9. Wat was de schade van de uitbarsting van de vulkaan Krakatoa?

10. Hoe groot is het risico dat de vulkaan Krakatoa opnieuw uitbarst?

Pulau Jawa

Pulau Jawa adalah tempat yang tiada duanya. Ini adalah tanah misteri dan intrik, di mana masa lalu dan masa kini **bertabrakan**. Ada banyak kisah yang telah diceritakan tentang pulau ini, dan masing-masing kisah itu sama uniknya dengan pulau itu sendiri. Salah satu kisah tersebut berkisar pada seorang wanita **muda** bernama Sarah. Sarah lahir di pulau ini dan tumbuh besar dikelilingi oleh keindahannya. Dia selalu terpesona oleh sejarah tanah airnya, dan dia bermimpi suatu hari nanti **menemukan** rahasianya sendiri. **Kesempatan** Sarah datang ketika dia terpilih untuk menjadi bagian dari ekspedisi arkeologi ke pulau itu. Selama berbulan-bulan, dia bekerja tanpa lelah dengan timnya, menggali reruntuhan kuno dan mengungkap **artefak** yang sudah lama terlupakan.

Namun, ketika mereka mencapai jantung pulau, barulah mereka menemukan apa yang mereka cari: **bukti** peradaban yang hilang yang pernah berkembang di pantai Jawa **berabad-abad** yang lalu. Sarah dan timnya bukan satu-satunya yang **tertarik** dengan sejarah pulau ini. Pemerintah Jawa juga tertarik untuk mempelajari lebih lanjut tentang masa lalunya, dan mereka memiliki tim **arkeolog** sendiri yang bekerja di pulau itu. Namun, ada satu perbedaan di antara

Eiland Java

Het eiland Java is een plek als geen ander. Het is een land van mysterie en intrige, waar het verleden en het heden **met elkaar botsen**. Er zijn vele verhalen over dit eiland verteld, en elk verhaal is even uniek als het eiland zelf. Eén zo'n verhaal **draait** om een **jonge** vrouw genaamd Sarah. Sarah werd op het eiland geboren en groeide op omringd door de schoonheid van het eiland. Ze was altijd gefascineerd door de geschiedenis van haar geboorteland en droomde ervan ooit zelf de geheimen ervan te ontdekken. Sarah's **kans deed zich voor** toen ze werd uitgekozen om deel te nemen aan een archeologische expeditie naar het eiland. Maandenlang werkte ze onvermoeibaar samen met haar team aan het opgraven van oude ruïnes en het blootleggen van lang vergeten **artefacten**.

Maar pas toen zij het hart van het eiland bereikten, vonden zij wat zij zochten: **bewijzen** van een verloren beschaving die **eeuwen** geleden op de kusten van Java had gefloreerd. Sarah en haar team waren niet de enigen die **geïnteresseerd waren** in de geschiedenis van het eiland. Ook de regering van Java wilde meer over haar verleden te weten komen, en had haar eigen team van **archeologen** op het eiland aan het werk gezet. Er was echter één verschil tussen de

kedua kelompok: sementara tim Sarah mencari bukti peradaban yang hilang, tim **pemerintah** mencari sesuatu yang jauh lebih **berharga**: harta karun. Konon, ada banyak harta karun yang tersembunyi di Jawa, yang ditinggalkan oleh penduduk purbanya.

Dan siapa pun yang menemukannya akan menjadi sangat kaya. Perlombaan untuk menemukan **harta karun** Jawa sedang berlangsung, dan kedua tim **bertekad** untuk menjadi yang pertama menemukannya. Namun saat mereka mencari melalui reruntuhan pulau, mereka mulai menyadari bahwa mereka tidak sendirian. Ada orang lain yang juga mencari harta karun itu, dan yang tidak akan berhenti untuk mendapatkannya terlebih dahulu. Saat kedua tim berbenturan dalam pencarian harta karun itu, Sarah mulai mengumpulkan sejarah pulau itu. Dia **menemukan** bahwa peradaban yang hilang itu bukan hanya budaya **biasa**, tetapi sebuah kerajaan yang kuat yang pernah memerintah seluruh Jawa. Dan harta karunnya konon dikutuk, dilindungi oleh roh-roh jahat yang akan melakukan apa saja untuk menyembunyikannya. Dengan timnya yang diserang dan waktu yang semakin menipis, Sarah harus menemukan cara untuk menghentikan yang lain mengambil **harta karun** itu. Tapi dia segera menyadari bahwa ada lebih banyak yang dipertaruhkan daripada sekadar uang atau kemuliaan; jika dia tidak bertindak cepat, seluruh pulau bisa hancur.

twee groepen: terwijl Sarah's team op zoek was naar bewijzen van een verloren beschaving, was **het team van de regering** op zoek naar iets veel **waardevollers**: een schat. Er wordt gezegd dat er op Java veel verborgen schatten zijn, achtergelaten door de oude bewoners.

En wie ze vindt, zal heel rijk worden. De race om de **schatten** van Java te vinden is begonnen, en beide teams zijn **vastbesloten** om ze als eerste te vinden. Maar terwijl ze door de ruïnes van het eiland zoeken, beginnen ze te beseffen dat ze niet alleen zijn. Er zijn anderen die ook op zoek zijn naar de schat, en die voor niets zullen stoppen om hem als eerste in handen te krijgen. Terwijl de twee teams botsen in hun zoektocht naar de schat, begint Sarah de geschiedenis van het eiland op een rijtje te zetten. Ze **ontdekt** dat de verloren beschaving niet zomaar **een** cultuur was, maar een machtig rijk dat ooit over heel Java heerste. En de schatten zouden vervloekt zijn, beschermd door kwade geesten die er alles aan zullen doen om ze verborgen te houden. Nu haar team wordt aangevallen en de tijd opraakt, moet Sarah een manier vinden om de anderen ervan te weerhouden de **schat mee te** nemen. Maar ze realiseert zich al snel dat er meer op het spel staat dan alleen geld of roem; als ze niet snel handelt, kan het hele eiland vernietigd worden.

Pertanyaan Pemahaman

1. Tentang apa cerita itu?

2. Di manakah pulau Jawa?

3. Siapa Sarah?

4. Apakah kesempatan Sarah?

5. Apa yang mereka cari?

6. Apa perbedaan antara kedua kelompok?

7. Apa saja harta karun tersembunyi di Jawa?

8. Siapa yang tidak akan berhenti untuk mendapatkan harta karun itu?

9. Apa yang dipertaruhkan jika Sarah tidak bertindak cepat?

10. Apakah pertarungan terakhir?

Begrip vragen

1. Waar gaat het verhaal over?

2. Waar ligt het eiland Java?

3. Wie is Sarah?

4. Wat was Sarah's kans?

5. Waar waren ze naar op zoek?

6. Wat is het verschil tussen de twee groepen?

7. Wat zijn de verborgen schatten op Java?

8. Wie stopt voor niets om de schat in handen te krijgen?

9. Wat staat er op het spel als Sarah niet snel handelt?

10. Wat is de laatste krachtmeting?

matahari terbenam di Bali

Matahari perlahan-lahan mulai turun di bawah cakrawala, melukis langit dalam spektrum warna jingga, merah muda, dan ungu. Ombak menjilat-jilat di pantai, seolah-olah mencoba untuk melihat sekilas terakhir dari hari itu. Di pantai, orang-orang mengemasi barang-barang mereka, bersiap-siap untuk meninggalkan tempat **ajaib** ini. Tetapi bagi sebagian orang, seperti saya, ini hanyalah awal dari malam kami. Kami akan menyaksikan **matahari terbenam** dari atas tebing yang menghadap ke lautan, kemudian menuju ke salah satu dari banyak klub malam di Bali dan berdansa sampai subuh. Saat saya menyaksikan matahari menghilang ke laut, saya tidak bisa tidak merenungkan hidup saya. Rasanya baru **kemarin** saya lulus dari perguruan tinggi dan **memulai** perjalanan yang disebut "hidup" ini. Kadang-kadang sulit dipercaya bahwa saya sudah berusia pertengahan dua puluhan; waktu terasa berlalu dengan cepat dan lebih cepat setiap tahunnya.

Tetapi pada saat-saat seperti ini-ketika saya dikelilingi oleh keindahan alam-saya merasa bersyukur untuk setiap momen yang telah saya jalani. Udara malam itu terasa sangat menyenangkan saat kami berjalan

Zonsondergang op Bali

De zon begon langzaam onder de horizon te zakken en schilderde de lucht in een spectrum van oranje, roze en paars. De golven kabbelden tegen de kust, alsof ze nog een laatste glimp van de dag wilden opvangen. Op het strand waren mensen hun spullen aan **het** pakken, klaar om deze **magische** plek te verlaten. Maar voor sommigen, zoals Ik, was dit pas het begin van onze avond. We zouden de **zonsondergang** bekijken vanaf een klif met uitzicht op de oceaan, dan naar een van Bali's vele nachtclubs gaan en dansen tot het ochtendgloren. Terwijl ik de zon in de zee zag verdwijnen, dacht ik na over mijn leven. Het leek wel **gisteren** dat ik was afgestudeerd en aan deze reis was **begonnen** die "leven" heet. Soms was het moeilijk te geloven dat ik al halverwege de twintig was; de tijd leek elk jaar sneller en sneller voorbij te vliegen.

Maar op momenten als deze - wanneer ik omringd was door natuurlijke schoonheid - voelde Ik me dankbaar voor elk moment dat ik in leven was geweest. De nachtlucht zinderde van opwinding toen we ons een weg baanden naar Club Medusa. Er stond een rij om de hoek, maar dat maakte ons niet uit - we wisten dat

menuju Club Medusa. Ada antrean di sekitar blok, tetapi kami tidak keberatan - kami tahu itu akan sepadan begitu kami masuk ke dalam. Begitu kami berjalan melewati pintu-pintu itu, kami **dibawa** ke dunia lain: musik **yang berdentum**, lampu yang berkedip-kedip, dan tubuh di mana pun Anda melihat. Klub ini penuh sesak, tetapi kami **berhasil** menemukan tempat di lantai dansa. Kami membiarkan musik menguasai tubuh kami, bergerak serempak mengikuti irama. Seringkali, **seseorang** akan menabrak kami atau menumpahkan minuman mereka, tetapi kami tidak peduli - kami terhanyut dalam momen tersebut. Jam-jam berlalu, dan sebelum kami menyadarinya, sudah waktunya untuk pergi. Kami berjalan kembali ke tebing untuk menyaksikan **matahari terbit**. Saat saya menyaksikan sinar pertama cahaya mengintip di cakrawala, saya merasakan kedamaian menyapu saya.

Pada **saat** itu, saya menyadari bahwa hidup ini terlalu singkat untuk mencemaskan hal-hal yang tidak penting. Kita hanya memiliki satu kesempatan dalam hal ini - mungkin juga membuatnya berarti! Saat kami menyaksikan matahari terbit, kami berbagi cerita tentang kehidupan kami dan apa yang **ingin kami** lakukan dengan waktu kami. Kami tertawa, menangis, dan membuat rencana untuk masa depan. Itu adalah momen yang saya tahu **tidak** akan **pernah** saya lupakan.

het de moeite waard zou zijn als we eenmaal binnen waren. Zodra we door die deuren liepen, werden we **meegevoerd** naar een andere wereld: **dreunende** muziek, flitsende lichten, en lichamen overal waar je keek. De club was stampvol, maar we **slaagden erin** een plekje op de dansvloer te vinden. We lieten de muziek onze lichamen overnemen en bewogen op de maat van de beat. Af en toe liep **er iemand** tegen ons op of morste zijn drankje, maar dat kon ons niet schelen - we gingen op in het moment. De uren vlogen voorbij, en voor we het wisten, was het tijd om te gaan. We gingen terug naar de klif om de **zonsopgang te zien**. Terwijl ik de eerste lichtstralen over de horizon zag komen, voelde ik een gevoel van vrede over me heen spoelen.

Op dat **moment** besefte ik dat het leven te kort is om je zorgen te maken over dingen die er niet toe doen. We hebben maar één kans - laten we er dan ook iets van maken! Terwijl we de zon zagen opkomen, vertelden we elkaar over ons leven en wat we met onze tijd **wilden** doen. We lachten, huilden en maakten plannen voor de toekomst. Het was een moment waarvan ik wist dat ik het **nooit** zou vergeten.

Pertanyaan Pemahaman

1. Apa yang direfleksikan oleh penulis pada awal teks?

2. Apa yang dilakukan penulis setelah menyaksikan matahari terbenam?

3. Apa pendapat penulis tentang waktu?

4. Seperti apa suasana di dalam Club Medusa?

5. Bagaimana perasaan penulis setelah menyaksikan matahari terbit?

6. Apa yang diingatkan oleh penulis kepada para pembaca?

7. Apa yang dipikirkan penulis tentang saat-saat yang dihabiskan di tebing?

8. Apa tujuan perjalanan penulis ke Bali?

9. Menurut Anda, apa yang akan dilakukan penulis selanjutnya setelah peristiwa-peristiwa dalam teks ini?

10. Apa yang akan Anda lakukan secara berbeda jika Anda berada di posisi penulis?

Begrip vragen

1. Waarover denkt de auteur aan het begin van de tekst na?

2. Wat doet de schrijver na het kijken naar de zonsondergang?

3. Hoe denkt de auteur over tijd?

4. Hoe is de sfeer in Club Medusa?

5. Hoe voelt de schrijver zich na het zien van de zonsopgang?

6. Wat is de vermaning van de auteur aan de lezers?

7. Wat vindt de auteur van de momenten op de klif?

8. Wat was het doel van de reis van de auteur naar Bali?

9. Wat denk je dat de auteur hierna zal doen na de gebeurtenissen in de tekst?

10. Wat zou u anders gedaan hebben als u in de positie van de auteur was?

Pasar di Jakarta

Pasar di Jakarta selalu menjadi tempat yang **ramai.**
Penuh dengan orang-orang dari semua lapisan
masyarakat, menjual segala sesuatu mulai dari pakaian,
makanan hingga pernak-pernik. Dan di tengah-tengah
semua kekacauan ini, seorang wanita selalu berhasil
menonjol. Namanya Astrid, dan dia menjual bunga.
Tapi bukan sembarang **bunga-rangkaian** bunganya
adalah karya seni. Bunga-bunga itu halus dan indah,
dan selalu tampak mencerahkan alun-alun pasar. Astrid
telah datang ke **pasar** selama bertahun-tahun, sejak ia
masih kecil. Ibunya dulu juga menjual bunga, dan Astrid
akan membantunya merangkai bunga. Dia menyukai
aroma bunga segar dan cara bunga-bunga itu bisa
membuat hari yang **paling suram** sekalipun tampak
sedikit lebih cerah.

Suatu hari, ketika Astrid sedang **menyiapkan** kiosnya,
dia melihat seorang pria berjalan dengan kepala
tertunduk. Dia tampak seperti sudah melewati hari-
hari yang lebih baik-pakaiannya compang-camping
dan dia tampak seperti belum makan berhari-hari.
Saat pria itu **berjalan** melewati kiosnya, Astrid
tidak bisa menahan diri untuk tidak merasa tertarik
padanya. Dia memanggilnya, dan ketika dia berbalik,
dia **menawarkan** salah satu bunganya. Awalnya ia

Markt in Jakarta

De **markt** in Jakarta was altijd een **drukte van belang**. Het was er vol mensen van alle rangen en standen, die alles verkochten, van kleren tot voedsel en snuisterijen. En temidden van al die chaos was er één vrouw die altijd opviel. Haar naam was Astrid, en ze verkocht bloemen. Maar niet zomaar bloemen, haar **arrangementen** waren kunstwerken. Ze waren delicaat en mooi, en ze leken altijd het marktplein op te fleuren. Astrid kwam al jaren naar de **markt**, sinds ze een klein meisje was. Haar moeder verkocht er ook bloemen, en Astrid hielp haar met de bloemstukken. Ze hield van de geur van verse bloemen en de manier waarop ze zelfs de **somberste** dag een beetje vrolijker konden maken.

Op een dag, toen Astrid haar kraampje aan het opzetten was, zag ze een man rondlopen met zijn hoofd terneergeslagen. Hij zag eruit alsof hij betere dagen had gekend - zijn kleren waren haveloos en het leek alsof hij al dagen niet gegeten had. Toen hij langs haar kraam **liep**, voelde Astrid zich tot hem aangetrokken. Ze riep naar hem en toen hij zich omdraaide, **bood** ze hem een van haar bloemen aan. Eerst aarzelde hij, maar toen reikte hij haar de hand en nam ze aan. En terwijl hij dat deed, zag ze de geringste zweem van een glimlach op zijn gezicht. Na die dag begon de man elke dag

ragu-ragu, tapi kemudian ia mengulurkan tangan dan mengambilnya dari Astrid. Dan saat dia melakukannya, dia melihat sedikit senyuman di wajahnya. Setelah hari itu, pria itu mulai kembali ke alun-alun pasar setiap hari. Dia selalu berjalan melewati kios Astrid dan memberinya anggukan kecil **sebelum** melanjutkan perjalanan. Dan setiap kali dia melakukannya, Astrid merasa senang. Ia seperti menemukan seorang teman di tempat asing ini. Suatu hari, setelah pria itu datang menemuinya selama berminggu-minggu, Astrid **memutuskan** untuk menanyakan namanya.

 Awalnya ia ragu-ragu, tetapi kemudian ia mengatakan bahwa itu adalah John. Setelah itu, mereka mulai berbicara lebih banyak lagi-tentang kehidupan mereka, keluarga mereka, dan impian mereka untuk masa depan. Akhirnya, John mulai membantu Astrid dengan **rangkaian** bunganya. Mereka bekerja **sama dengan** baik - John memiliki tangan yang mantap sementara Astrid memiliki bakat kreatif - dan tak lama kemudian mereka membuat beberapa rangkaian bunga yang paling indah di alun-alun pasar. Alun-alun pasar menjadi tempat pelipur lara bagi John. Itu adalah satu tempat di mana ia merasa seperti miliknya. Dan Astrid senang memiliki John di sana bersamanya. Suatu hari, John tidak datang ke alun-alun pasar. Astrid **menunggunya** sepanjang pagi, tetapi John tidak pernah muncul.

terug te komen naar het marktplein. Hij liep altijd langs Astrid's kraam en knikte even **voordat hij verder liep**. En elke keer als hij dat deed, was Astrid blij. Het was alsof ze een vriend had gevonden op deze vreemde plek. Op een dag, toen de man haar al wekenlang kwam opzoeken, **besloot** Astrid hem naar zijn naam te vragen.

 Eerst aarzelde hij, maar toen vertelde hij haar dat het John was. Daarna begonnen ze steeds meer te praten - over hun leven en hun gezin en hun dromen voor de toekomst. Uiteindelijk begon John Astrid te helpen met haar **bloemstukken**. Ze werkten goed **samen** - John had een vaste hand en Astrid een creatieve flair - en al snel maakten ze de mooiste bloemstukken op het marktplein. Het marktplein werd een plek van troost voor John. Het was de enige plek waar hij het gevoel had dat hij thuis hoorde. En Astrid was blij dat hij daar bij haar was. Op een dag kwam John niet naar het marktplein. Astrid **wachtte** de hele ochtend op hem, maar hij kwam niet opdagen.

Pertanyaan Pemahaman

1. Siapa nama wanita yang menjual bunga?

2. Apa yang dijual oleh pasar yang penuh dengan orang banyak itu?

3. Mengapa orang itu terlihat murung?

4. Kapan Astrid mulai membuat rangkaian bunga?

5. Bagaimana perasaan Astrid ketika ia melihat pria itu berjalan di sekitar alun-alun pasar?

6. Mengapa pria itu mulai kembali ke alun-alun pasar?

7. Siapa nama orang itu?

8. Di tempat manakah Yohanes merasa bahwa ia adalah miliknya?

9. Mengapa Astrid patah hati ketika dia mengetahui bahwa pria itu akan pergi?

10. Apa yang Astrid harapkan dari pria itu ketika ia pergi?

Begrip vragen

1. Wat was de naam van de vrouw die bloemen verkocht?

2. Wat verkocht het marktplein vol mensen?

3. Waarom keek de man teneergeslagen?

4. Wanneer is Astrid begonnen met het maken van bloemstukken?

5. Hoe voelde Astrid zich toen ze de man op het marktplein zag lopen?

6. Waarom begon de man terug te komen naar het marktplein?

7. Wat was de naam van de man?

8. Wat was de enige plaats waar John voelde dat hij thuis hoorde?

9. Waarom was Astrid er kapot van toen ze hoorde dat de man wegging?

10. Wat wenste Astrid de man toe toen hij wegging?

Gunung Bromo

Matahari telah menyengat **tanpa ampun** di desa pegunungan kecil itu selama berhari-hari. Panasnya begitu menyengat sehingga para penduduk desa terpaksa tidur di tempat teduh pada siang hari dan hanya keluar pada malam hari. Bahkan, mereka hanya keluar cukup lama untuk mengambil air dari sumur atau mengumpulkan makanan. **Semua orang gelisah**, menunggu hujan yang akan membawa kelegaan dari panas. Tetapi hujan tak kunjung datang. Setiap hari berlalu, emosi berkobar dan orang-orang mulai saling membentak satu sama lain karena hal-hal sepele. **Ketegangan** semakin memuncak ketika salah satu tetua desa mengalami kesurupan dan mulai **bergumam** tentang api dan kematian. Tidak ada yang bisa **memahami** apa yang dia coba katakan, tetapi kata-katanya membuat semua orang yang mendengarnya merinding. Kemudian, pada suatu malam, mereka mendengarnya: suara **gemuruh** yang dalam seperti guntur yang bergulung-gulung di langit, diikuti oleh pekikan yang menusuk telinga. Kedengarannya seperti berasal dari Gunung Bromo, gunung berapi aktif yang menjulang di atas desa mereka.

Mereka telah hidup dalam ketakutan akan letusannya selama bertahun-tahun, tetapi selalu tidak aktif ...

De berg Bromo

De zon had al dagenlang **genadeloos** op het kleine bergdorpje ingeslagen. De hitte was zo intens dat de dorpelingen overdag in de schaduw sliepen en alleen 's nachts buiten kwamen. Zelfs dan kwamen ze alleen lang genoeg buiten om water uit de put te halen of voedsel te verzamelen. **Iedereen** was gespannen, wachtend op de regen die verlichting zou brengen van de hitte. Maar die kwam nooit. Naarmate de dagen verstreken, laaiden de gemoederen hoog op en begonnen de mensen elkaar af te snauwen over onbelangrijke zaken. **De spanningen liepen** hoog op toen een van de dorpsoudsten in een trance geraakte en begon **te mompelen** over vuur en dood. Niemand **begreep** wat hij probeerde te zeggen, maar zijn woorden zonden een rilling door iedereen die ze hoorde. Toen, laat op een nacht, hoorden ze het: een diep **gerommel** als een donderslag die door de lucht rolde, gevolgd door een oorverdovend gekrijs. Het klonk alsof het van de berg Bromo kwam, een actieve vulkaan die boven hun dorp uittorende.

Ze leefden al jaren in angst voor zijn uitbarsting, maar hij was altijd slapende gebleven... tot nu. Bij het aanbreken van de dag zag men dikke zwarte rook uit de krater van de Bromo **komen**. De grond beefde toen

sampai sekarang. Saat fajar menyingsing, asap hitam tebal terlihat **mengepul** dari kawah Gunung Bromo. Tanah bergetar saat lahar mulai mengalir menuruni lerengnya menuju desa-desa. Orang-orang **berebut** untuk mengungsi, tetapi tidak ada cukup waktu. Banyak yang terjebak di jalur kehancuran, jeritan mereka tenggelam oleh deru gunung berapi. Mereka yang berhasil melarikan diri menyaksikan **tanpa daya** saat rumah dan mata pencaharian mereka ditelan oleh lava. Mereka tidak bisa berbuat apa-apa selain berdiri di sana dan menyaksikan segala sesuatu yang mereka sayangi **hancur** di depan mata mereka. Hanya dalam beberapa jam, semuanya berubah. Desa yang dulunya berkembang pesat itu terbaring di reruntuhan, **tertutup** abu tanpa ada tanda-tanda kehidupan yang **tertinggal**. Para penyintas perlahan-lahan mulai membangun kembali, tetapi itu adalah proses yang panjang dan sulit. Setiap hari mereka diingatkan tentang apa yang telah hilang akibat letusan. Beberapa hari terlalu berat untuk ditanggung, dan orang-orang hanya akan duduk dan menatap ruang kosong di mana rumah mereka pernah berdiri. Tetapi **pada akhirnya**, dengan waktu dan dukungan dari satu sama lain, mereka mulai sembuh.

lava van de hellingen naar de dorpen begon te stromen. De mensen **haastten zich** om te evacueren, maar er was niet genoeg tijd. Velen raakten gevangen in het pad van vernietiging, hun geschreeuw werd overstemd door het gebrul van de vulkaan. Degenen die erin slaagden te ontsnappen, **keken hulpeloos** toe hoe hun huizen en middelen van bestaan door lava werden overspoeld. Ze konden niets anders doen dan toekijken hoe alles wat hen dierbaar was voor hun ogen werd **vernietigd**. In slechts een paar uur veranderde alles. Het eens zo bloeiende dorp lag in puin, **bedekt** met as en zonder enig teken van leven. De overlevenden begonnen langzaam aan de wederopbouw, maar het was een lang en moeilijk proces. Elke dag werden ze herinnerd aan wat ze tijdens de uitbarsting hadden verloren. Sommige dagen waren te veel om te dragen, en de mensen zaten dan gewoon te staren naar de lege ruimte waar hun huizen ooit hadden gestaan. Maar **uiteindelijk**, met tijd en steun van elkaar, begonnen ze te genezen.

Pertanyaan Pemahaman

1. Tentang apakah peringatan tetua desa itu?

2. Bagaimana perasaan desa tentang Gunung Bromo sebelum letusan?

3. Bagaimana letusan itu mengubah desa?

4. Bagaimana para korban selamat membangun kembali rumah mereka?

5. Untuk apa upacara tahunan ini?

6. Bagaimana perasaan desa tentang Gunung Bromo setelah letusan?

7. Apa yang diwakili oleh Gunung Bromo untuk desa ini sekarang?

8. Kisah-kisah apa yang diceritakan oleh para tetua kepada generasi muda?

9. Mengapa hidup itu berharga?

10. Apa yang akan terjadi di masa depan untuk desa ini?

Begrip vragen

1. Waar ging de waarschuwing van de dorpsoudste over?

2. Hoe dacht het dorp over Mount Bromo vóór de uitbarsting?

3. Hoe heeft de uitbarsting het dorp veranderd?

4. Hoe hebben de overlevenden hun huizen herbouwd?

5. Waarvoor dient de jaarlijkse plechtigheid?

6. Hoe dacht het dorp over Mount Bromo na de uitbarsting?

7. Wat betekent de berg Bromo nu voor het dorp?

8. Welke verhalen vertellen de ouderen aan de jongere generatie?

9. Waarom is het leven kostbaar?

10. Wat heeft de toekomst voor het dorp in petto?

Berperahu di Danau Toba

Matahari terbenam di atas Danau Toba, dan cahaya terakhir hari itu **menyinari** air, membuatnya tampak seperti selembar kaca. Permukaan air yang tenang hanya terpecah oleh riak sesekali dari ikan atau burung. Itu adalah pemandangan yang **indah**, dan yang selalu membuat saya merasa damai. Saya duduk di perahu saya, membiarkan goyangan lembut membuai saya ke dalam keadaan **relaksasi**. Saya telah seharian berada di danau, memancing dan menjelajahi banyak sudut dan celahnya. Saat malam mulai tiba, saya puas hanya duduk santai dan menikmati ketenangan di sekeliling saya. Tiba-tiba, terdengar suara percikan **keras** di dekatnya, diikuti dengan **percikan** dan teriakan panik.

Saya **tersentak** untuk memperhatikan dan melihat bahwa seseorang telah jatuh ke laut dari perahu mereka tidak terlalu jauh dari saya. Tanpa berpikir **lebih jauh**, saya segera mengarahkan perahu saya sendiri ke arah mereka dengan tergesa-gesa. Ketika saya mendekat, saya bisa melihat bahwa itu adalah seorang wanita muda yang jatuh ke dalam air. Dia berjuang untuk menjaga kepalanya tetap di atas air dan tampak ketakutan. Tanpa ragu-ragu, saya melompat ke danau

Varen in het Tobameer

De zon ging onder boven het Tobameer, en het laatste licht van de dag **scheen** op het water, waardoor het een glazen plaat leek. Het kalme oppervlak werd alleen doorbroken door een rimpeling van een vis of vogel. Het was een **prachtig** gezicht, en een dat me altijd vrede gaf. Ik zat in mijn boot en liet me door het zachte schommelen in een staat van **ontspanning brengen**. Ik was de hele dag op het meer geweest, aan het vissen en de vele hoekjes en gaatjes aan het verkennen. Toen de avond begon te vallen, was ik tevreden om gewoon achterover te leunen en de rust van mijn omgeving in me op te nemen. Plotseling was er een **luide** plons vlakbij, gevolgd door uitzinnig **gespetter** en geschreeuw.

Ik **schrok op** en zag dat er iemand overboord was gevallen uit hun boot, niet al te ver bij mij vandaan. Zonder **verder** na te denken, stuurde ik snel mijn eigen boot met spoed naar hen toe. Toen ik dichterbij kwam, kon ik zien dat het een jonge vrouw was die in het water was gevallen. Ze had moeite om haar hoofd boven water te houden en zag er doodsbang uit. Zonder aarzelen sprong ik in het meer en zwom naar haar toe.

dan berenang ke arahnya. Ketika saya mencapainya, dia berpegangan pada saya dengan putus asa, **terengah-engah**. Saya melingkarkan lengan saya di sekelilingnya dan **menendang** kaki saya dengan keras untuk mendorong kami berdua kembali ke perahu saya. Rasanya seperti selamanya, tetapi akhirnya kami berhasil kembali dengan selamat. Wanita muda itu gemetar tak terkendali karena kedinginan dan syok atas apa yang telah terjadi. Saya membungkus selimut di sekelilingnya dan duduk bersamanya sampai dia cukup **tenang** untuk menceritakan apa yang telah terjadi.

Rupanya, dia sedang berada di danau sendirian di perahunya ketika dia menabrak sesuatu yang **tersembunyi** tepat di bawah permukaan **air**, yang menyebabkan dia jatuh **ke laut**. Dia beruntung bahwa saya berada di dekatnya dan dapat menolongnya. Jika dia berada di luar sana lebih lama lagi, dia bisa dengan mudah tenggelam. Seperti itu, dia kedinginan dan terguncang tetapi tidak terluka. Kami duduk di perahu saya sampai dia merasa cukup sehat untuk kembali ke perahunya sendiri, lalu kami berpisah. Saya tidak terlalu memikirkan insiden itu setelah itu, tetapi itu **mengingatkan** saya betapa berbahayanya Danau Toba jika Anda tidak berhati-hati. Danau Toba adalah tempat yang indah, tetapi selalu lebih baik untuk berhati-hati saat berperahu di perairannya.

Toen ik haar bereikte, klampte ze zich wanhopig aan me vast, **snakkend** naar lucht. Ik sloeg mijn armen om haar heen en **trapte** hard met mijn benen om ons beiden terug te drijven naar mijn boot. Het leek een eeuwigheid te duren, maar uiteindelijk kwamen we veilig terug. De jonge vrouw trilde oncontroleerbaar van de kou en de schok van wat er gebeurd was. Ik sloeg een deken om haar heen en bleef bij haar zitten tot ze genoeg **gekalmeerd was** om me te vertellen wat er gebeurd was.

Blijkbaar was zij alleen met haar boot op het meer toen zij iets raakte **dat zich** net onder het **wateroppervlak bevond**, waardoor zij **overboord** viel. Ze had geluk dat ik in de buurt was en haar kon helpen. Als ze daar nog langer was geweest, was ze gemakkelijk verdronken. Hoe dan ook, ze was koud en geschokt, maar verder ongedeerd. We zaten in mijn boot tot ze zich goed genoeg voelde om naar haar eigen boot terug te keren, daarna gingen we elk onze eigen weg. Ik heb daarna niet veel meer aan het incident gedacht, maar het **herinnerde** me er wel aan hoe gevaarlijk het Tobameer kan zijn als je niet voorzichtig bent. Het is een prachtige plek, maar het is altijd het beste om voorzichtig te zijn als je in het water vaart.

Pertanyaan Pemahaman

1. Apa yang dirasakan sang tokoh utama tentang danau?

2. Apa yang dilakukan tokoh utama ketika melihat wanita itu berjuang di dalam air?

3. Bagaimana hubungan sang tokoh utama dengan sang wanita setelah kejadian itu?

4. Menurut Anda, apa motivasi sang protagonis untuk menolong wanita itu?

5. Menurut Anda, apa yang dipikirkan oleh sang tokoh utama ketika mereka melihat wanita itu bergumul di dalam air?

6. Menurut Anda, apa yang dirasakan sang tokoh utama setelah mereka menolong wanita itu kembali ke tempat yang aman?

7. Menurut Anda, apa yang dirasakan wanita itu setelah ia ditolong kembali ke tempat aman?

8. Menurut Anda, apa yang dipikirkan wanita itu ketika melihat sang tokoh utama datang ke arahnya?

9. Menurut Anda, mengapa sang tokoh protagonis telah melihat wanita itu berkali-kali sejak kejadian tersebut?

10. Menurut Anda, apa yang akan dilakukan tokoh utama jika mereka melihat wanita itu dalam masalah lagi?

Begrip vragen

1. Wat voelt de hoofdpersoon bij het meer?

2. Wat doet de hoofdpersoon als hij de vrouw in het water ziet spartelen?

3. Wat is de relatie van de hoofdpersoon tot de vrouw na het incident?

4. Wat is volgens jou de motivatie van de hoofdpersoon om de vrouw te helpen?

5. Wat denk je dat de hoofdpersoon dacht toen hij de vrouw zag spartelen in het water?

6. Wat denk je dat de hoofdpersoon voelde nadat ze de vrouw weer in veiligheid hadden gebracht?

7. Wat denk je dat de vrouw voelde nadat ze weer in veiligheid was gebracht?

8. Wat denk je dat de vrouw dacht toen ze de hoofdpersoon op haar af zag komen?

9. Waarom denk je dat de hoofdpersoon de vrouw vele malen heeft gezien sinds het incident?

10. Wat denk je dat de hoofdpersoon zal doen als hij de vrouw ooit weer in de problemen ziet?

Mengunjungi Ubud

Matahari baru saja mulai mengintip dari cakrawala saat saya berjalan menyusuri jalan setapak menuju Ubud. Saya bisa mendengar kicauan burung dan dedaunan yang **berdesir** tertiup angin sepoi-sepoi. Hari itu akan menjadi hari yang indah. Saya telah merencanakan perjalanan saya ke Ubud selama berbulan-bulan, dan sekarang saya akhirnya berada di sini, saya tidak sabar untuk menjelajahi semua yang ditawarkan tempat **ajaib** ini. Dari sawah **yang menakjubkan** dan pemandangan hutan yang rimbun, hingga budayanya yang semarak dan orang-orangnya yang ramah, ada begitu banyak hal yang bisa ditemukan. Saat saya berjalan ke kota, saya merasa seperti dibawa ke dunia lain.

Jalanan dipenuhi dengan toko-toko berwarna-warni yang menjual seni dan kerajinan tradisional Bali. Udara dipenuhi dengan aroma dupa dan **bunga**. Kemanapun saya melihat, ada wajah-wajah tersenyum yang ingin menyambut saya di kota asal mereka. Saya menghabiskan beberapa hari berikutnya menjelajahi semua yang ditawarkan Ubud. Saya mengunjungi Monkey Forest, di mana saya bisa melihat dari dekat beberapa **monyet yang** tinggal di sana. Saya berjalan

Een bezoek aan Ubud

De zon begon net over de horizon te schijnen toen ik het pad richting Ubud afliep. Ik kon de vogels horen kwetteren en de bladeren horen **ritselen** in de zachte bries. Het zou een prachtige dag worden. Ik had mijn reis naar Ubud al maanden gepland, en nu ik er eindelijk was, kon ik niet wachten om alles te ontdekken wat deze **magische** plek te bieden had. Van de **prachtige** rijstterrassen en weelderige jungle landschappen, tot de levendige cultuur en vriendelijke mensen, er was zo veel te ontdekken. Toen ik de stad binnenliep, voelde ik me alsof ik in een andere wereld terecht was gekomen.

De straten waren bezaaid met kleurrijke winkeltjes die traditionele Balinese kunst en ambachten verkochten. De lucht was gevuld met de geur van wierook en **bloemen**. Overal waar ik keek, stonden lachende gezichten te popelen om me in hun stad te verwelkomen. Ik bracht de volgende dagen door met het verkennen van alles wat Ubud te bieden had. Ik bezocht het Apenbos, waar ik enkele van de **apen van dichtbij** heb gezien. Ik wandelde door de rijstterrassen en verwonderde me over hun schoonheid. En ik nam zelfs deel aan een kookcursus, waar ik leerde hoe je

melewati sawah dan mengagumi keindahannya. Dan saya bahkan mengikuti kelas memasak, di mana saya belajar cara membuat hidangan tradisional Bali seperti nasi goreng dan sate ayam. **Kemanapun** saya pergi, saya disambut dengan kehangatan dan **keramahan**. Masyarakat Ubud membuat saya merasa seperti di rumah sendiri, dan pada akhir perjalanan saya, saya tahu bahwa ini adalah tempat yang akan **selalu** memiliki tempat khusus di hati saya. Saat saya mengemasi tas saya untuk kembali ke rumah, saya tidak bisa menahan perasaan sedikit sedih.

Saya telah jatuh cinta dengan Ubud dan tidak ingin pergi. Tetapi saya tahu bahwa ini hanyalah **awal** dari perjalanan saya dan masih banyak lagi **petualangan yang** menunggu saya di luar sana. Saya melihat terakhir kali ke **sawah-sawah** saat matahari terbenam di belakangnya dan tersenyum. Saya tahu bahwa saya akan segera kembali. Saya sangat bersemangat untuk kembali ke Ubud! Saya telah memimpikannya sejak saya pergi. Segera setelah saya tiba, saya langsung menuju ke sawah. Sawah-sawah ini bahkan lebih indah dari yang saya **ingat**. Matahari baru saja mulai terbenam, dan langit berwarna merah tua. Saya duduk dan menyaksikan cahaya perlahan-lahan memudar, **meninggalkan** selimut bintang. Saya merasa sangat beruntung bisa mengalami tempat yang menakjubkan ini lagi.

traditionele Balinese gerechten zoals nasi goreng en satékip maakt. **Overal** waar ik kwam, werd ik onthaald op warmte en **gastvrijheid**. De mensen van Ubud zorgden ervoor dat ik me meteen thuis voelde, en aan het eind van mijn reis wist ik dat dit een plek was die **altijd** een speciaal plekje in mijn hart zou hebben. Toen ik mijn koffers pakte om terug naar huis te gaan, kon ik het niet helpen, maar ik voelde me een beetje verdrietig.

Ik was verliefd geworden op Ubud en wilde niet meer weg. Maar ik wist dat dit nog maar het **begin** van mijn reis was en dat er nog veel meer **avonturen** op me wachtten. Ik wierp een laatste blik op de **rijstterrassen** toen de zon achter hen onderging en glimlachte. Ik wist dat ik snel terug zou komen. Ik was zo opgewonden om terug te keren naar Ubud! Ik had er al over gedroomd sinds ik was vertrokken. Zodra ik aankwam, ging ik meteen naar de rijstterrassen. Ze waren nog mooier dan ik **me herinnerde**. De zon begon net onder te gaan, en de lucht was dieprood. Ik ging zitten en keek hoe het licht langzaam verdween en een deken van sterren achterliet. Ik voelde me zo gelukkig dat ik deze geweldige plek opnieuw kon ervaren.

Pertanyaan Pemahaman

1. Apa reaksi awal penulis saat tiba di Ubud?

2. Mengapa penulis bersemangat untuk kembali ke Ubud?

3. Apa yang dilakukan penulis ketika mereka pertama kali tiba kembali di Ubud?

4. Apa kesan penulis tentang sawah?

5. Apa kesan penulis tentang masyarakat Ubud?

6. Apa yang dilakukan penulis di Monkey Forest?

7. Apa yang dipelajari penulis dalam kelas memasak mereka?

8. Bagaimana perasaan penulis di akhir perjalanan mereka?

9. Apa reaksi penulis terhadap langit saat matahari terbenam?

10. Apa kesan penulis secara keseluruhan tentang Ubud?

Begrip vragen

1. Wat was de eerste reactie van de auteur toen hij in Ubud aankwam?

2. Waarom was de auteur opgewonden om naar Ubud terug te keren?

3. Wat doet de auteur als ze voor het eerst terug in Ubud zijn?

4. Wat is de indruk van de auteur van de rijstterrassen?

5. Wat is de indruk van de auteur over de mensen van Ubud?

6. Wat doet de schrijver in het Apenbos?

7. Wat leert de auteur maken in hun kookles?

8. Hoe voelt de auteur zich aan het eind van hun reis?

9. Wat is de reactie van de auteur op de lucht bij zonsondergang?

10. Wat is de algemene indruk van de auteur van Ubud?

Di pantai

Setelah matahari terbit, ombak lebih keras dan pasir di atas air pasang berwarna putih. Saya berjalan ke pantai, **mengagumi** laut dan matahari. Jari-jari kaki saya merasakan lekukan kerang. Pasirnya dingin di jari-jari kaki saya. Saya tersenyum dan terus berjalan. Air laut sedang pasang, jadi saya harus berhati-hati agar tidak terseret. Saya berjalan di sepanjang tepi air, mengagumi laut. Matahari terbit sangat **indah**, dan ombak yang menerjang. Saya merasa sangat damai. Saya sampai di suatu tempat di mana ada singkapan batu karang. Saya duduk dan menyaksikan ombak. Airnya begitu biru dan langitnya begitu **jingga**. Saya merasa seperti berada dalam mimpi. Saya memejamkan mata dan hanya mendengarkan ombak. Saya duduk di sana untuk waktu yang lama, sampai saya mendengar seseorang memanggil nama saya.

Saya membuka mata dan melihat ibu saya berjalan ke arah saya. Wajahnya terlihat khawatir. Saya tersenyum dan melambaikan tangan, dan dia pun **santai**. "Aku bertanya-tanya ke mana kamu pergi," katanya. "Saya senang kamu menikmati pantai." Saya menjawab, "Ya." "Di sini sangat indah." "Aku tahu," katanya. "Aku sering datang ke sini ketika aku masih seusiamu." "Benarkah?" Saya bertanya. "Ya," jawabnya. "Ini tempat

Op het strand

Na zonsopgang zijn de golven luider en het zand boven de vloed is wit. Ik loop naar het strand en **bewonder** de zee en de zon. Mijn tenen voelen de groeven van schelpen. Het zand is koud aan mijn tenen. Ik glimlach en loop door. Het is vloed, dus ik moet oppassen dat ik er niet in word getrokken. Ik loop langs de waterkant en bewonder de zee. De zonsopgang is **prachtig**, en de golven beuken. Ik voel me zo vredig. Ik kom op een plek waar een rots uitsteekt. Ik ga zitten en kijk naar de golven. Het water is zo blauw en de lucht is zo **oranje**. Ik voel me alsof ik in een droom ben. Ik sluit mijn ogen en luister alleen maar naar de golven. Ik zat daar een hele tijd, tot ik iemand mijn naam hoorde roepen.

Ik open mijn ogen en zie mijn moeder naar me toe lopen. Ze heeft een bezorgde blik op haar gezicht. Ik glimlach en zwaai, en ze **ontspant zich**. "Ik vroeg me al af waar je was," zegt ze. "Ik ben blij dat je van het strand geniet." Ik antwoord: "Dat doe ik." "Het is hier zo mooi." "Ik weet het," zegt ze. "Ik kwam hier altijd toen ik zo oud was als jij." "Echt waar?" Vraag ik. "Ja," antwoordt ze. "Het is een speciale plek." "Heb je hier ooit een speciaal iemand ontmoet?" Vraag ik. "Ik wel," antwoordt ze met een glimlach. "Je vader." "Echt waar?" Zeg ik, **verbaasd**. "Ja," zegt ze. "We kwamen hier altijd

yang istimewa." "Apakah kamu pernah bertemu dengan seseorang yang istimewa di sini?" Saya bertanya. "Pernah," jawabnya sambil tersenyum. "Ayahmu." "Benarkah?" Saya berkata, **terkejut**. "Ya," katanya. "Kami sering datang ke sini bersama-sama. Di sinilah kami jatuh cinta. " Saya tersenyum, **membayangkan** orang tua saya jatuh cinta di pantai yang indah ini. "Ini adalah tempat yang istimewa," dia mengulangi. "Saya senang Anda datang ke sini hari ini."

Kami duduk di sana beberapa saat lebih lama, **menyaksikan** ombak dan matahari terbenam. Kemudian kami bangun dan berjalan kembali ke handuk pantai kami. Saya berbaring dan melihat bintang-bintang. Saya merasa sangat bahagia dan puas. Ombak sekarang lebih keras, dan pasirnya dingin. Matahari terbenam dan angin sejuk bertiup. Ombak menerjang pantai, dan bau garam tercium di udara. Ini adalah malam yang sempurna untuk berada di pantai. Saya berjalan di sepanjang pantai, **mendengarkan** suara ombak dan menyaksikan matahari terbenam. Saya melihat sekelompok orang duduk di atas pasir, tertawa dan bercanda. Mereka terlihat seperti sedang bersenang-senang. Saya berjalan ke arah mereka dan bertanya apakah saya bisa bergabung dengan mereka. Mereka mengiyakan, dan kami menghabiskan sisa malam itu dengan mengobrol, tertawa, dan menyaksikan **matahari terbenam**. Ini adalah malam yang sempurna.

samen. Het is waar we verliefd werden. " Ik glimlach en **stel me voor hoe** mijn ouders verliefd werden op dit prachtige strand. "Het is een speciale plek," herhaalt ze. "Ik ben blij dat je hier vandaag bent."

We zitten daar nog een tijdje, **kijken naar** de golven en de zonsondergang. Dan staan we op en lopen terug naar onze strandhanddoeken. Ik ga liggen en kijk naar de sterren. Ik voel me zo gelukkig en tevreden. De golven zijn nu luider, en het zand is koud. De zon gaat onder en er waait een koel briesje. De golven beuken tegen de kust, en de geur van zout hangt in de lucht. Het is een perfecte avond om op het strand te zijn. Ik loop langs het strand, **luister** naar het geluid van de golven en kijk naar de zonsondergang. Ik zie een groep mensen op het zand zitten, lachend en grapjes makend. Ze zien eruit alsof ze het naar hun zin hebben. Ik loop naar ze toe en vraag of ik erbij mag komen zitten. Ze zeggen ja, en we brengen de rest van de avond door met praten, lachen en kijken naar de **zonsondergang**. Het is een perfecte avond.

Pertanyaan Pemahaman

1. Ke manakah narator pergi setelah dia bangun?

2. Apa yang dikagumi oleh sang narator saat ia berjalan di sepanjang pantai?

3. Apa yang harus diwaspadai oleh narator saat ia berjalan di sepanjang pantai?

4. Di manakah narator duduk untuk menikmati pemandangan?

5. Berapa lama narator duduk di sana?

6. Siapakah yang dilihat narator ketika ia membuka matanya kembali?

7. Apa yang dikatakan oleh ibu narator?

8. Apa yang dibicarakan oleh narator dan orang-orang yang ditemuinya?

Begrip vragen

1. Waar gaat de vertelster heen nadat ze wakker is geworden?

2. Wat bewondert de vertelster als ze langs het strand loopt?

3. Waar moet de vertelster op letten als ze langs het strand loopt?

4. Waar gaat de verteller zitten om van het uitzicht te genieten?

5. Hoe lang blijft de verteller daar zitten?

6. Wie ziet de verteller als ze haar ogen weer opent?

7. Wat zegt de moeder van de verteller?

8. Waar praten de verteller en de mensen die ze ontmoet over?

Berkemah di Danau

Saya berjalan menuju danau, **mengagumi** kedamaian pemandangan. Matahari menyinari danau kecil itu, membuat airnya terlihat seperti selembar kaca. Satu-satunya gerakan adalah riak sesekali dari ikan yang **memecah** permukaan. Bahkan burung-burung pun tampak beristirahat sejenak dari panasnya cuaca, dengan hanya suara jangkrik yang mengisi udara. **Tiba-tiba**, kedamaian itu dipecahkan oleh percikan keras. Seekor **ikan** besar melompat keluar dari air, mencoba menangkap seekor capung. Ikan itu meleset dari sasarannya dan jatuh kembali ke dalam air dengan percikan. "Wow," pikir saya dalam hati, "itu ikan yang besar!". Saya melihat sekeliling untuk melihat apakah ada orang lain yang melihatnya, tetapi tidak ada seorang pun di sekitar saya. Saya kira saya harus memberitahu mereka ketika saya kembali ke perkemahan.

Panasnya **menindas**, membuat Anda sulit bernapas. Udaranya tebal dan berat, seperti selimut yang membungkus Anda. Satu-satunya kelegaan ada di dalam air. Sejuk dan menyegarkan, seperti minuman dingin di hari yang panas. Saya menarik napas dalam-dalam dan menyelam ke dalam air. Rasa lega

Kamperen aan het meer

Ik loop naar het meer en **bewonder** de vredigheid van het tafereel. De zon schijnt op het meertje, waardoor het water een glazen plaat lijkt. De enige beweging is af en toe een rimpeling van een vis **die** het wateroppervlak breekt. Zelfs de vogels lijken een pauze te nemen van de hitte, met alleen het geluid van cicaden die de lucht vullen. **Plotseling** wordt de rust verbroken door een luide plons. Een grote **vis** is uit het water gesprongen, in een poging een libel te vangen. De vis mist zijn doel en valt met een plons terug in het water. "Wow," denk ik bij mezelf, "dat was een grote vis!." Ik keek om me heen om te zien of iemand anders hem had gezien, maar er was niemand in de buurt. Ik denk dat ik het ze zal moeten vertellen als ik terug ben in het kamp.

De hitte is **drukkend**, waardoor het moeilijk is om te ademen. De lucht is dik en zwaar, als een deken om je heen gewikkeld. De enige verlichting is in het water. Het is koel en verfrissend, als een koud drankje op een warme dag. Ik haal diep adem en duik in het water. De opluchting is onmiddellijk als het koele water me omringt. Ik zwem naar de bodem en dan weer naar de oppervlakte, terwijl ik voel hoe het water mijn lichaam afkoelt. Ik blijf baantjes trekken en geniet van de

langsung terasa saat air dingin mengelilingi saya. Saya berenang turun ke dasar dan kemudian kembali ke permukaan, merasakan air mendinginkan tubuh saya. Saya terus **berenang** berputar-putar, menikmati jeda dari panas. Setelah beberapa saat, saya keluar dari air dan berbaring di atas rumput, membiarkan matahari mengeringkan tubuh saya. Saya memejamkan mata dan tertidur, suara **jangkrik** menidurkan saya. Saya membiarkan matahari memanggang air dari kulit saya. Saya bisa merasakan kulit saya menjadi merah, tetapi saya tidak peduli. Hal berikutnya yang saya tahu, matahari terbenam. Langit berwarna oranye yang indah, dengan garis-garis merah muda dan ungu. Panasnya hilang, digantikan oleh **angin** sejuk.

Saya bangun dan mengenakan pakaian saya kembali, merasa segar dan segar kembali. Saya **menghirup** dalam-dalam udara sejuk dan tersenyum. Rasanya menyenangkan bisa hidup. Saya berjalan kembali ke perkemahan, mengagumi cara warna-warna menari di langit. Saya bisa melihat api unggun menyala di kejauhan, dan saya bisa mencium bau asap di udara. Saya tersenyum dan **mempercepat** langkah saya. Saya siap untuk bersantai dan menikmati sisa malam saya. Saya berjalan ke perkemahan dan melihat semua orang berkumpul di sekitar api unggun. Mereka **tertawa** dan bercanda, dan saya bisa melihat api memantul di mata mereka. Saya tersenyum dan duduk di samping teman-teman saya.

afkoeling van de hitte. Na een tijdje kom ik uit het water en ga op het gras liggen, zodat de zon mijn lichaam kan drogen. Ik sluit mijn ogen en val in slaap, het geluid van de **cicaden** brengt me in een diepe slaap. Ik laat de zon het water uit mijn huid bakken. Ik voel dat mijn huid rood wordt, maar dat kan me niet schelen. Ik heb het te warm om me zorgen te maken. Het volgende dat ik weet, is dat de zon ondergaat. De lucht is prachtig oranje, met roze en paarse strepen. De hitte is weg, vervangen door een koel **briesje**.

Ik sta op en trek mijn kleren weer aan. Ik voel me verfrist en verjongd. Ik haal diep **adem** uit de koele lucht en glimlach. Het voelt goed om te leven. Ik loop terug naar de camping en bewonder de manier waarop de kleuren in de lucht dansen. In de verte zie ik het kampvuur branden, en ik ruik de rook in de lucht. Ik glimlach en **versnel** mijn pas. Ik ben klaar om te ontspannen en te genieten van de rest van mijn avond. Ik loop de camping op en zie dat iedereen rond het vuur zit. Ze **lachen** en maken grapjes, en ik kan het vuur in hun ogen zien weerkaatsen. Ik glimlach en ga naast mijn vrienden zitten.

Pertanyaan Pemahaman

1. Ke mana pejalan kaki akan pergi?

2. Cuaca seperti apa itu?

3. Seperti apa bentuk airnya?

4. Bagaimana reaksi pejalan kaki terhadap panas?

5. Apa yang dilakukan ikan?

6. Mengapa pejalan kaki sendirian?

7. Bagaimana rasanya airnya?

8. Bagaimana perasaan pejalan kaki setelah berenang?

9. Jam berapa saat pejalan kaki terbangun?

10. Ke mana pejalan kaki pergi ketika ia meninggalkan perkemahan?

Begrip vragen

1. Waar gaat de wandelaar heen?

2. Wat voor weer is het?

3. Hoe ziet het water eruit?

4. Hoe reageert de wandelaar op de hitte?

5. Wat doet de vis?

6. Waarom is de wandelaar alleen?

7. Hoe voelt het water aan?

8. Hoe voelt de wandelaar zich na het zwemmen?

9. Hoe laat is het als de wandelaar wakker wordt?

10. Waar gaat de wandelaar heen als hij het kamp verlaat?

Rumah

Saya pindah ke rumah baru saya minggu lalu, dan saya sangat **gembira**! Rumah ini jauh lebih besar daripada rumah lama saya, dan memiliki halaman belakang yang luas. Saya tidak sabar untuk mengundang teman-teman untuk BBQ dan pesta. Bagian **favorit** saya adalah kamar tidur baru saya. Kamar tidur baru saya begitu besar dan terang, dan saya memiliki banyak ruang untuk meletakkan semua barang saya. Saya sangat senang dengan rumah baru saya dan saya pikir saya akan sangat bahagia di sini. Saya memutuskan untuk menjelajahi rumah ini lebih jauh. Saya naik ke lantai dua dan mulai berjalan ke dapur ketika saya melihat seekor laba-laba hitam besar di dinding! Saya berteriak dan berlari ke bawah. Saya sangat **ketakutan**! Tetapi setelah beberapa menit, saya menjadi tenang dan memutuskan untuk kembali ke atas. Perlahan-lahan saya berjalan ke dapur dan melihat laba-laba itu sudah tidak ada. Saya sangat lega! Saya kembali ke bawah dan memutuskan untuk pergi keluar untuk menjelajahi **halaman belakang**. Laba-laba itu sangat besar! Saya tidak bisa mempercayainya. Saya melihat sebuah ayunan di sudut dan sebuah perosotan. Saya juga melihat jaring basket dan **trampolin**. Saya sangat senang!

Het Huis

Ik ben vorige week in mijn nieuwe huis getrokken, en ik ben zo **opgewonden**! Het is zoveel groter dan mijn oude, en het heeft een grote achtertuin. Ik kan niet wachten om vrienden uit te nodigen voor BBQ's en feestjes. Mijn **favoriete** deel is mijn nieuwe slaapkamer. Hij is zo groot en licht, en ik heb veel ruimte om al mijn spullen op te bergen. Ik ben echt blij met mijn nieuwe huis en ik denk dat ik hier heel gelukkig zal zijn. Ik besloot om het huis nog wat verder te verkennen. Ik ging naar boven naar de tweede verdieping en ging op weg naar de keuken toen ik een grote zwarte spin op de muur zag! Ik gilde en rende naar beneden. Ik was zo **bang**! Maar na een paar minuten was ik gekalmeerd en besloot ik terug naar boven te gaan. Ik ging langzaam naar de keuken en zag dat de spin weg was. Ik was zo opgelucht! Ik ging terug naar beneden en besloot naar buiten te gaan om de **achtertuin te verkennen**. Hij was zo groot! Ik kon het niet geloven. Ik zag een schommel in de hoek en een glijbaan. Ik zag ook een basketbalnet en een **trampoline**. Ik was zo opgewonden!

Ik kan niet wachten om al deze nieuwe spullen te gebruiken. De **buren** kwamen langs en stelden zich voor. Ze leken erg aardig, en we hebben een tijdje gepraat. Ze nodigden me uit voor hun BBQ volgend

Saya tidak sabar untuk menggunakan semua barang baru ini. Para **tetangga** datang dan memperkenalkan diri. Mereka tampak sangat baik, dan kami berbincang-bincang sebentar. Mereka mengundang saya ke acara BBQ mereka akhir pekan depan, dan saya bilang saya akan senang untuk datang. Saya menjalani minggu pertama yang luar biasa di rumah baru saya, dan saya sangat bersemangat dengan semua petualangan baru yang akan datang. Hari ini, saya akan pergi menjelajah di halaman belakang lagi dan melihat apa lagi yang bisa saya temukan. Siapa tahu, mungkin saya bahkan akan menemukan **harta karun**. Saya tidak sabar untuk melihat apa yang akan terjadi minggu depan! Minggu berikutnya, saya pergi menjelajah di halaman belakang lagi, dan saya menemukan sebuah taman **rahasia.** Taman itu sangat indah! Ada bunga-bunga di mana-mana dan kolam kecil dengan ikan di dalamnya. Saya juga melihat sebuah ayunan yang belum pernah saya lihat sebelumnya. Saya sangat senang menemukan taman rahasia ini, dan saya tidak sabar untuk menjelajahinya lebih jauh. Taman ini sangat **indah!**

weekend, en ik zei dat ik graag zou komen. Ik had een geweldige eerste week in mijn nieuwe huis, en ik ben opgewonden over alle nieuwe avonturen die in het verschiet liggen. Vandaag ga ik weer op verkenning in de achtertuin en kijken wat ik nog meer kan vinden. Wie weet, misschien vind ik wel een **schat**. Ik kan niet wachten om te zien wat de volgende week brengt!
De volgende week ging ik weer op verkenning in de achtertuin, en ik vond een **geheime** tuin. Het was zo mooi! Er waren overal bloemen en een kleine vijver met vissen erin. Ik zag ook een schommel die ik nog niet eerder had gezien. Ik was zo opgewonden toen ik deze geheime tuin vond, en ik kan niet wachten om hem verder te verkennen. Het was zo **mooi**!

Pertanyaan Pemahaman

1. Di mana orang tersebut tinggal?

2. Bagaimana orang tersebut menyukainya di rumah baru?

3. Apa bagian favorit orang tersebut dari rumah baru?

4. Apa yang ditemukan orang itu di kebun?

5. Siapa saja tetangganya?

6. Bagaimana perasaan hari-hari pertama orang tersebut di rumah baru?

7. Apa bagian favorit orang tersebut dari ruangan baru?

8. Apa yang akan dilakukan orang tersebut besok?

9. Apa bagian terbaik dari minggu pertama orang tersebut di rumah baru?

10. Apa saja yang ada di kamar baru orang tersebut?

Begrip vragen

1. Waar woont de persoon?

2. Hoe vindt de persoon het in het nieuwe huis?

3. Wat is het favoriete deel van het nieuwe huis van de persoon?

4. Wat heeft de persoon in de tuin gevonden?

5. Wie zijn de buren?

6. Hoe voelde de persoon zich de eerste dagen in het nieuwe huis?

7. Wat is het favoriete deel van de nieuwe kamer van de persoon?

8. Wat is de persoon van plan morgen te doen?

9. Wat was het beste deel van de eerste week van de persoon In het nieuwe huis?

10. Wat is er allemaal in de nieuwe kamer van de persoon?

Di kereta api

Saya berlari ke stasiun kereta api, tetapi saya terlambat. Kereta sudah berangkat tanpa saya. Saya merasa sangat **marah** dan **kecewa** dengan diri saya sendiri. Saya berencana naik kereta untuk mengunjungi kakek-nenek saya yang tinggal di pedesaan, tetapi sekarang saya harus menunggu satu jam penuh untuk kereta berikutnya. Sebagai gantinya, saya memutuskan untuk berjalan-jalan di sekitar kota dan mencoba melupakan kesempatan yang terlewatkan. Sambil berjalan, saya mulai **melamun** tentang semua tempat yang bisa dibawa oleh **kereta api.** Tiba-tiba, saya tidak begitu kesal lagi. Saya kembali ke stasiun dan tidak bisa tidak memperhatikan lokomotif besar berwarna merah, putih, dan biru yang melaju ke arah saya. Baru setelah saya melihat **kondektur** melambaikan tangan ke arah saya dari jendela, saya menyadari bahwa kereta api ini adalah untuk saya. Saya menaiki kereta dan menemukan tempat duduk saya, duduk di tempat yang menjanjikan perjalanan yang panjang.

Saat kami keluar dari stasiun, saya tidak bisa tidak bertanya-tanya ke mana kereta ini akan membawa saya. Melewati **ladang** hijau dan sungai-sungai biru, melewati gunung-gunung dan lembah-lembah juga, tidak ada yang tahu ke mana kereta tua ini akan pergi.

In de trein

Ik rende naar het treinstation, maar ik was te laat.
De trein was al vertrokken zonder mij. Ik voelde me
zo **boos** en **teleurgesteld** in mezelf. Ik was van plan
om met de trein naar mijn grootouders te gaan die
op het platteland wonen, maar nu moest ik een heel
uur wachten op de volgende trein. Ik besloot in plaats
daarvan een eindje door de stad te lopen en probeerde
mijn gemiste kans te vergeten. Terwijl ik liep, begon
ik **te dagdromen** over alle plaatsen waar **treinen** je
kunnen brengen. Plotseling was ik niet meer zo van
streek. Ik liep terug naar het station en zag de grote
rood-wit-blauwe locomotief die op me af kwam rijden.
Pas als ik de **conducteur** vanuit het raam naar me zie
zwaaien, realiseer ik me dat deze trein voor mij is. Ik
stap in de trein en zoek een zitplaats. Ik ga zitten voor
wat een lange reis belooft te worden.

Terwijl we het station uitrijden, vraag ik me af waar deze
trein me heen zal brengen. Door groene **velden** en over
blauwe rivieren, langs bergen en valleien, het is niet
te zeggen waar deze oude trein heen zal gaan. Als de
nacht begint te vallen, drijf ik weg in een **vredige** slaap,
gewiegd door de **ritmische** beweging van de wagons
op de sporen beneden. Als het weer ochtend wordt,
open ik mijn ogen en zie dat we in een klein stadje

Saat malam mulai tiba, saya tertidur dengan **nyenyak**, terbuai oleh gerakan **ritmis** gerbong-gerbong kereta api di atas rel di bawahnya. Ketika pagi datang lagi, saya membuka mata untuk menemukan bahwa kami telah tiba di sebuah kota kecil di suatu tempat di antah berantah. Matahari baru saja mengintip dari cakrawala saat penduduk setempat mulai berseliweran di Main Street; terlihat seperti hari-hari lainnya di sini kecuali satu hal-ada tanda besar yang dipasang di dekat Balai Kota yang bertuliskan "Selamat datang di kapal!" Tampaknya kota kecil ini telah menanti-nanti kami, meskipun kami hanya kereta **penumpang** biasa yang lewat dalam perjalanan kami ke tempat lain. Saat kami meninggalkan kota di belakang kami sekali lagi, menumpang kereta api menuju tempat yang entah di mana selanjutnya, saya tersenyum melihat semua wajah ramah melambaikan tangan selamat tinggal dari rumah-rumah kecil yang terletak di antara **lahan** pertanian-sungguh menakjubkan bagaimana sesuatu yang tampaknya biasa-biasa saja dapat membawa begitu banyak kegembiraan hanya dengan melewatinya. Dan kemudian, tentu saja, ada **anak-anak**.

ergens in niemandsland zijn aangekomen. De zon komt net boven de horizon als de plaatselijke bevolking zich in de hoofdstraat begint te mengen; het ziet er hier uit als elke andere dag, behalve één ding - er hangt een groot bord bij het stadhuis met de tekst "Welkom aan boord!" Het lijkt erop dat dit stadje ons verwacht, ook al zijn we maar een gewone passagierstrein op doorreis naar elders. Terwijl we de stad weer achter ons laten, op weg naar wie weet waar, glimlach ik om al die vriendelijke gezichten die ons uitzwaaien vanuit die kleine huisjes tussen **het boerenland -** het is echt verbazingwekkend hoe iets dat zo gewoon lijkt, zoveel vreugde kan brengen door er gewoon langs te rijden. En dan, natuurlijk, zijn er de **kinderen**.

Pertanyaan Pemahaman

1. Ke mana kereta api akan pergi?

2. Siapa yang bepergian dengan kereta api?

3. Kapan kereta api berangkat?

4. Bagaimana sang protagonis bisa naik kereta api?

5. Dari mana asal kereta api?

6. Ke mana kereta api akan pergi selanjutnya?

7. Kapan para penumpang tiba?

8. Bagaimana perasaan sang tokoh utama ketika ia ketinggalan kereta api?

9. Bagaimana reaksi masinis kereta api ketika melihat sang tokoh utama?

10. Mengapa sang tokoh utama menyukai kereta api?

Begrip vragen

1. Waar gaat de trein heen?

2. Wie reist er met de trein?

3. Wanneer vertrekt de trein?

4. Hoe komt de hoofdpersoon op de trein?

5. Waar komt de trein vandaan?

6. Waar gaat de trein nu heen?

7. Wanneer zijn de passagiers aangekomen?

8. Hoe voelt de hoofdpersoon zich als hij de trein mist?

9. Hoe reageert de treinmachinist als hij de hoofdpersoon ziet?

10. Waarom houdt de hoofdpersoon van treinen?

Memasak Makan Malam

Sekarang pukul 5 sore dan saya sedang berjalan pulang dari kantor. Saya **menantikan** malam yang tenang di rumah bersama pasangan saya. Kami akan memasak makan malam bersama dan kemudian bersantai sepanjang malam. Rasanya menyenangkan mengetahui bahwa saya tidak memiliki rencana atau kewajiban apa pun **malam** ini. Saya tiba di rumah dan pasangan saya sudah berada di dapur, mulai menyiapkan makan malam kami. Baunya **luar biasa** di sini! Kami mengobrol sambil memasak, saling mengobrol tentang hari-hari satu sama lain dan berbagi cerita kecil dari kehidupan kerja kami. Dapur adalah ruangan favorit saya di apartemen kami. Saya suka memasak, dan saya terutama suka memasak bersama pasangan saya. Kami selalu bersenang-senang di sini, tertawa dan bercanda saat kami memasak. Ditambah lagi, makanannya selalu **luar biasa** saat kami bekerja **bersama**.

Malam ini, kami membuat salah satu resep favorit saya sepanjang masa: **ayam** Parmesan. Rekan saya memulai dengan membiakkan ayam sementara saya menyiapkan saus yang mendidih di atas **kompor**. Kami

Diner koken

Het is nu 5 uur 's middags en ik loop van mijn werk naar huis. Ik kijk **uit** naar een rustige avond thuis met mijn partner. We zullen samen eten koken en dan de rest van de avond ontspannen. Het voelt goed om te weten dat ik deze **avond** geen plannen of verplichtingen heb. Ik kom thuis en mijn partner is al in de keuken om ons eten klaar te maken. Het ruikt hier geweldig! We kletsen terwijl we koken, praten bij over elkaars dagen en delen kleine verhalen uit ons werkleven. De keuken is mijn favoriete kamer in ons appartement. Ik hou van koken, en vooral van koken met mijn partner. We hebben het hier altijd zo gezellig, we lachen en maken grapjes terwijl we koken. En het eten is altijd **heerlijk** als we **samenwerken**.

Vanavond maken we een van m'n lievelingsrecepten: Parmezaanse kip. Mijn partner begint met het paneren van de kip, terwijl ik de saus op het **fornuis** laat prutelen. We werken samen als een goed geoliede machine en al snel is het eten klaar om op te dienen. We gaan aan onze kleine keukentafel zitten met **borden** vol met Parmezaanse kip, pasta en salade. We klinken op de glazen en nemen onze eerste hap,

bekerja sama seperti mesin yang diminyaki dengan baik, dan tak lama kemudian, makan malam siap disajikan. Kami duduk di meja dapur kecil kami dengan **piring-piring yang penuh** dengan ayam Parmesan, pasta, dan salad. Kami mendentingkan gelas dan mengambil gigitan pertama kami-dan rasanya **nikmat sekali**! Ayamnya renyah di bagian luar tetapi juicy di bagian dalam; sausnya beraroma dan sempurna; pastanya dimasak al dente... semuanya terasa benar-benar sempurna malam ini. Kami berdua tahu bahwa ini adalah salah satu malam di mana semuanya datang bersama dengan sempurna saat kami **menikmati** setiap gigitan terakhir dari makanan lezat kami. Rasanya bahkan lebih enak daripada baunya-yang sangat enak! Kami menyelesaikan makanan kami dengan relatif cepat karena tidak satu pun dari kami yang sangat lapar hari ini, tetapi kami meluangkan waktu kami untuk menikmati beberapa **gelas** anggur lagi sambil mengobrol ringan tentang topik ini dan itu. Setelah makan malam, kami membersihkan diri dengan cepat bersama-sama dan kemudian pindah ke ruang tamu, di mana kami menghabiskan waktu **berpelukan** di sofa sambil menonton TV.

en het is **hemels**! De kip is knapperig van buiten maar sappig van binnen; de saus is smaakvol en perfect; de pasta is al dente gekookt... alles smaakt absoluut perfect vanavond. We weten allebei dat dit een van die avonden was waarop alles perfect samenkwam en we **genieten van** elke laatste hap van onze heerlijke maaltijd. Het smaakte nog beter dan het rook, en dat was verdomd goed! We eten relatief snel, omdat geen van ons beiden vandaag honger heeft, maar we nemen de tijd om nog een paar **glazen** wijn te drinken terwijl we luchtig kletsen over van alles en nog wat. Na het eten ruimen we snel samen op en gaan dan naar de woonkamer, waar we een poosje **knuffelen** op de bank terwijl we TV kijken.

Pertanyaan Pemahaman

1. Dari mana narator berasal?

2. Apa yang dilakukan narator setelah bekerja?

3. Apa yang dimakan narator untuk makan malam?

4. Mengapa narator menyukai dapur?

5. Hidangan seperti apa yang dimasak oleh pasangan ini?

6. Bagaimana perasaan narator di akhir malam?

7. Apa hal favorit pasangan untuk dilakukan?

8. Apa yang dilakukan pasangan ketika mereka lelah?

9. Di mana mereka tidur?

10. Mengapa narator suka tinggal di rumah?

Begrip vragen

1. Waar komt de verteller vandaan?

2. Wat doet de verteller na het werk?

3. Wat eet de verteller als avondeten?

4. Waarom houdt de verteller van de keuken?

5. Wat voor gerecht kookt het stel?

6. Hoe voelt de verteller zich aan het eind van de avond?

7. Wat is het favoriete ding van het koppel om te doen?

8. Wat doet het stel als ze moe worden?

9. Waar slapen ze?

10. Waarom blijft de verteller graag thuis?

Berjalan Pulang

Malam itu adalah malam yang **damai** saat saya berjalan pulang dari kantor. Saat saya berjalan, saya tidak bisa menahan senyum pada kenangan. Rasanya menyenangkan bisa kembali ke lingkungan lama saya. Saya melambaikan tangan kepada beberapa orang yang saya kenal, dan mereka membalas lambaian saya. Senang rasanya bisa kembali ke rumah. Saya berjalan melewati sekolah lama saya dan **mengingat** semua saat-saat indah yang saya alami bersama teman-teman saya. Kami selalu berjalan pulang bersama dan berbicara tentang hari kami. **Kadang-kadang** kami berhenti dan membeli es krim atau pergi ke taman. Itu adalah saat-saat terbaik. Saya merindukan masa-masa itu. Tetapi sekarang saya memiliki keluarga sendiri dan saya bahagia dengan hidup saya. Saya senang saya bisa melihat kembali kenangan itu dan tersenyum. Mereka adalah bagian dari hidup saya yang akan selalu saya hargai. Itu adalah masa-masa terbaik. Saya merindukan masa-masa itu. Tetapi sekarang saya memiliki keluarga sendiri dan saya bahagia dengan hidup saya. Saya senang saya bisa melihat kembali **kenangan** itu dan tersenyum. Mereka adalah bagian dari hidup saya yang akan selalu saya hargai.

Walking Home

Het was een **rustige** avond toen ik van mijn werk naar huis liep. Terwijl ik liep, kon ik niet anders dan glimlachen bij de herinneringen. Het voelde goed om terug in mijn oude buurt te zijn. Ik zwaaide naar een paar mensen die ik kende, en zij zwaaiden terug. Het was goed om thuis te zijn. Ik liep langs mijn oude school en **herinnerde me** alle leuke tijden die ik had met mijn vrienden. We liepen altijd samen naar huis en praatten over onze dag. **Soms** stopten we om een ijsje te halen of gingen we naar het park. Dat waren de beste tijden. Ik mis die tijden. Maar nu heb ik mijn eigen familie en ik ben blij met mijn leven. Ik ben blij dat ik op die herinneringen kan terugkijken en glimlachen. Ze zijn een deel van mijn leven dat ik altijd zal koesteren. Dat waren de beste tijden. Ik mis die tijden. Maar nu heb ik mijn eigen familie en ben ik gelukkig met mijn leven. Ik ben blij dat ik kan terugkijken op die **herinneringen** en kan glimlachen. Ze zijn een deel van mijn leven dat ik altijd zal koesteren.

Ik blijf lopen, denkend aan de goede tijden die ik had met mijn vrienden. Ik weet dat ik ze snel weer zal zien. Ik ga richting mijn huis en besluit door een park in de buurt te lopen. De zon gaat onder en de lucht

Saya terus berjalan, memikirkan saat-saat indah yang saya alami bersama teman-teman saya. Saya tahu saya akan segera bertemu mereka lagi. Saya menuju rumah saya dan memutuskan untuk berjalan melalui taman di dekatnya. Matahari terbenam dan langit berubah warna menjadi oranye yang **indah.** Taman itu kosong, kecuali beberapa burung yang berkicau di pepohonan. Saya menarik **napas** dalam-dalam dan tersenyum. Saat saya berjalan melewati taman, saya melihat bintang jatuh melesat di langit. Saya membuat harapan pada bintang itu, dan terus berjalan. Saya berpikir tentang hari saya di tempat kerja dan betapa **damainya** hari itu. Saya tersenyum pada diri sendiri, memikirkan betapa beruntungnya saya memiliki pekerjaan yang begitu hebat. Saya berjalan pulang, **merasakan** udara malam yang sejuk di kulit saya. Saya merasa begitu hidup dan bahagia, hanya menikmati tindakan sederhana berjalan pulang ke rumah di malam yang damai. Saya merasa sangat baik, saya mulai **bersiul**. Saya berjalan melewati beberapa orang di jalan, tetapi mereka semua sedang mengurus urusan mereka sendiri.

kleurt **prachtig** oranje. Het park is leeg, behalve een paar vogels die in de bomen tjilpen. Ik haal diep **adem** en glimlach. Terwijl ik door het park loop, zie ik een vallende ster door de lucht scheren. Ik doe een wens op die ster, en loop verder. Ik denk aan mijn dag op het werk en hoe **vredig** het was. Ik glimlach in mezelf, denkend aan hoe gelukkig ik ben dat ik zo'n geweldige baan heb. Ik loop naar huis en **voel** de koele nachtlucht op mijn huid. Ik voel me zo levendig en gelukkig, gewoon genietend van de eenvoudige handeling van het naar huis lopen op een vredige avond. Ik voelde me zo goed, dat ik begon te **fluiten**. Ik liep langs een paar mensen op straat, maar ze bemoeiden zich allemaal met hun eigen zaken.

Pertanyaan Pemahaman

1. Apa yang dilakukan tokoh utama ketika cerita dimulai?

2. Apa yang dipikirkan oleh sang tokoh utama ketika berjalan pulang ke rumah?

3. Apa yang biasa dilakukan sang tokoh utama bersama teman-temannya sepulang sekolah?

4. Apa yang dirindukan oleh sang tokoh utama tentang masa-masa itu?

5. Apa yang dipikirkan tokoh utama tentang kehidupan mereka saat ini?

6. Apa yang dilakukan tokoh utama ketika melihat bintang jatuh?

7. Bagaimana perasaan sang tokoh utama ketika mereka berjalan pulang ke rumah?

8. Apa yang dilakukan tokoh utama ketika mereka sampai di rumah?

9. Bagaimana perasaan tokoh utama ketika mereka bangun keesokan paginya?

Begrip vragen

1. Wat was de hoofdpersoon aan het doen toen het verhaal begon?

2. Waar dacht de hoofdpersoon aan toen hij naar huis liep?

3. Wat deed de hoofdpersoon vroeger met vrienden na school?

4. Wat mist de hoofdpersoon van die tijd?

5. Wat vindt de hoofdpersoon van zijn huidige leven?

6. Wat doet de hoofdpersoon als hij een vallende ster ziet?

7. Hoe voelt de hoofdpersoon zich als ze naar huis lopen?

8. Wat doet de hoofdpersoon als ze thuiskomen?

9. Hoe voelt de hoofdpersoon zich als hij de volgende ochtend wakker wordt?

Kastil

Keluarga ini selalu ingin mengunjungi kastil tua di **Jerman**, dan akhirnya mereka melakukan perjalanan. Mereka tidak **kecewa**. Kastil itu sangat indah, dan mereka senang menjelajahi banyak ruangan dan koridornya. Hal pertama yang membuat mereka terpana adalah baunya. Mereka menemukan **jamur**, kelembaban, dan sesuatu yang lain yang tidak bisa mereka tebak. Hal kedua adalah suaranya. Dinding batu memang tebal, tetapi tidak mematikan suara sepenuhnya. Mereka mendengar setiap langkah kaki, setiap kata yang diucapkan dengan suara normal, dan sesekali tetesan air **di suatu tempat** di kejauhan. Saat mata mereka menyesuaikan diri dengan cahaya redup, mereka melihat dinding batu besar menjulang di sekeliling mereka, permadani-permadani menggantung di sekelilingnya dalam keadaan robek-robek. Mereka berdiri di sebuah aula besar dengan langit-langit tinggi yang didukung oleh pilar-pilar berukir. Mereka juga menyukai pemandangan dari menara-menara, dan anak-anak bersenang-senang berlarian di sekitar halaman. **Matahari** sudah mulai terbenam pada saat mereka selesai menjelajahi kastil, dan mereka menyesal karena mereka tidak membawa **senter**. Mereka memutuskan untuk kembali ke pintu masuk, tetapi segera menemukan diri mereka tersesat. Mereka

Het kasteel

De familie had altijd al eens een oud kasteel in
Duitsland willen bezoeken, en eindelijk hebben ze
de reis gemaakt. Ze werden niet **teleurgesteld**. Het
kasteel was prachtig, en ze genoten van het verkennen
van de vele kamers en gangen. Het eerste wat hen
trof was de geur. Ze vonden **schimmel**, vochtigheid,
en iets anders waar ze hun vinger niet op konden
leggen. Het tweede was het geluid. Stenen muren
zijn dik, maar ze dempen het geluid niet volledig.
Ze hoorden elke voetstap, elk woord dat met een
normale stem werd gesproken, en af en toe een
druppeltje water **ergens** in de verte. Toen hun ogen
zich aanpasten aan het zwakke licht, zagen zij overal
om hen heen massieve stenen muren opdoemen,
waaraan wandtapijten in flarden hingen. Ze stonden in
een enorme hal met een hoog plafond, ondersteund
door gebeeldhouwde pilaren. Ze hielden ook van het
uitzicht vanaf de torentjes, en de kinderen vermaakten
zich met rondrennen over het terrein. De **zon** begon
al onder te gaan tegen de tijd dat ze klaar waren met
het verkennen van het kasteel, en ze betreurden
het dat ze geen **zaklamp** hadden meegenomen. Ze
besloten om terug te gaan naar de ingang, maar al
snel waren ze verdwaald. Ze dwaalden urenlang rond,
tot ze eindelijk een deur tegenkwamen die naar buiten

berkeliling selama berjam-jam, sampai akhirnya mereka menemukan sebuah pintu yang mengarah ke luar. Mereka terus berjalan sampai mereka **mencapai** ujung lorong dan sampai pada satu set pintu ganda yang mengesankan. Mencoba sekuat tenaga, pintu-pintu itu tidak mau bergerak. Pintu-pintu itu berderak **dengan tidak menyenangkan** tetapi tidak bergerak sedikit pun. Sepertinya siapa pun yang ada di sini sebelumnya pasti telah melewati sini dan menguncinya dari dalam. Akhirnya, mereka menemukan jalan keluar. Kelegaan menyelimuti mereka saat mereka melangkah keluar menuju udara malam yang sejuk.

Matahari mulai terbenam, dan mereka **menyesal** tidak membawa senter. Mereka memutuskan untuk kembali ke pintu masuk, tetapi segera menemukan diri mereka tersesat. Mereka berkeliling selama berjam-jam, sampai akhirnya mereka menemukan sebuah pintu yang mengarah ke **luar**. Kelegaan menyelimuti mereka saat mereka melangkah keluar menuju udara malam yang sejuk. Malam berikutnya, mereka memastikan untuk membawa senter saat mereka menjelajahi sisa kastil. Mereka berjalan melalui **halaman** dan turun ke sungai yang mengalir di belakang dinding **kastil.** Saat mereka berjalan-jalan, mereka mulai mendengar suara-suara aneh. Kedengarannya seperti ada seseorang yang mengikuti mereka. Mereka mempercepat langkah mereka, tetapi suara-suara itu semakin keras dan semakin dekat.

leidde. Ze liepen door tot ze **aan het** eind van de gang kwamen bij een imposant stel dubbele deuren. Hoe ze ook probeerden, de deuren wilden niet bewegen. Ze rammelden **onheilspellend**, maar bewogen geen centimeter. Het leek erop dat degene die hier eerder was, hier doorheen was gegaan en ze van binnenuit had afgesloten. Uiteindelijk vinden ze een uitweg. Opluchting overspoelde hen toen ze naar buiten stapten in de koele nachtlucht.

De zon begon onder te gaan en zij **betreurden het** dat zij geen zaklamp hadden meegenomen. Ze besloten terug te gaan naar de ingang, maar al gauw waren ze verdwaald. Ze dwaalden urenlang rond, tot ze eindelijk een deur tegenkwamen die **naar buiten** leidde. Opluchting overviel hen toen ze naar buiten stapten in de koele nachtlucht. De volgende avond namen ze een zaklamp mee om de rest van het kasteel te verkennen. Ze liepen over de **binnenplaats** en naar de rivier die achter de kasteelmuren stroomde. Terwijl ze rondliepen, begonnen ze vreemde geluiden te horen. Het klonk alsof iemand hen volgde. Ze versnelden hun pas, maar de geluiden werden luider en dichterbij.

Pertanyaan Pemahaman

1. Apa yang dilakukan keluarga itu ketika mereka tersesat di kastil?

2. Bagaimana perasaan keluarga ketika mereka mengetahui bahwa itu hanyalah seorang pria lokal?

3. Apa yang dilakukan pria itu sehingga ia ditangkap?

4. Apakah hukuman bagi orang itu?

5. Suara apa yang didengar keluarga itu ketika mereka sedang berjalan?

6. Di manakah sosok berjubah gelap itu ketika keluarga melihatnya?

7. Apa yang dilakukan keluarga itu ketika mereka kembali ke kamar mereka?

8. Kapan keluarga pergi menjelajahi kastil lagi?

9. Hal apakah yang tidak bisa diketahui oleh keluarga itu?

10. Apa yang dilakukan keluarga itu sebelum mereka pergi menjelajahi kastil lagi?

Begrip vragen

1. Wat deed de familie toen ze verdwaald waren in het kasteel?

2. Hoe voelde de familie zich toen ze erachter kwamen dat het gewoon een lokale man was?

3. Wat heeft de man gedaan waardoor hij gearresteerd is?

4. Wat was de straf voor de man?

5. Welk geluid hoorde de familie tijdens de wandeling?

6. Waar was de figuur in de donkere mantel toen de familie hem zag?

7. Wat deed de familie toen ze terugkwamen in hun kamer?

8. Wanneer ging de familie het kasteel weer verkennen?

9. Wat was het ding waar de familie hun vinger niet op konden leggen?

10. Wat deed de familie voordat ze weer op verkenning gingen in het kasteel?

Taman Saya

Kebun saya adalah tempat bahagia saya. Saya pergi ke sana setiap hari, hujan atau cerah, dan menghabiskan waktu merawat tanaman saya. Saya memiliki sedikit dari **semuanya-sayuran**, buah-buahan, bunga, herbal. Saya bahkan memiliki beberapa ekor ayam yang membantu mencegah hama. Saya memulai hari-hari saya di kebun dengan mengumpulkan telur dari ayam. Kemudian saya memeriksa sayuran saya, memastikan mereka mendapatkan cukup air dan sinar matahari. Saya menyiangi bedengan dan memusnahkan serangga yang mungkin **menyerang** tanaman. Setelah **semuanya** terurus, saya duduk santai dan menikmati kedamaian dan ketenangan alam.

Saya selalu senang menghabiskan waktu di kebun saya. Ada sesuatu tentang dikelilingi oleh alam dan semua **keindahan** yang ditawarkannya. Saya merasa ini adalah tempat yang sangat damai dan menenangkan. Saya sering menghabiskan waktu di kebun saya hanya untuk bersantai dan menikmati pemandangan. Saya juga menikmati bekerja di kebun saya dan menanam sesuatu. Saya memiliki kebun yang cukup luas, dan saya suka menanam berbagai hal yang **berbeda** di dalamnya. Saya menanam bunga, **sayuran**, dan rempah-rempah. Saya juga memiliki

Mijn tuin

Mijn tuin is mijn geluksplek. Ik ga er elke dag heen,
regen of zonneschijn, en besteed tijd aan het verzorgen
van mijn planten. Ik heb een beetje van **alles:**
groenten, fruit, bloemen, kruiden. Ik heb zelfs een paar
kippen die helpen het ongedierte op afstand te houden.
Ik begin mijn dagen in de tuin met het rapen van eieren
bij de kippen. Dan controleer ik mijn groenten en zorg
ervoor dat ze genoeg water en zon krijgen. Ik wied de
bedden en verwijder insecten die de planten kunnen
aanvallen. Als **alles** is gedaan, leun ik achterover en
geniet van de rust en stilte van de natuur.

Ik heb altijd graag tijd doorgebracht in mijn tuin. Er
is iets met het omringd zijn door de natuur en al het
moois dat zij te bieden heeft. Ik vind het een heel
vredige en kalmerende plek. Ik breng vaak tijd door in
mijn tuin, gewoon om te ontspannen en te genieten
van het landschap. Ik geniet er ook van om in mijn tuin
te werken en dingen te kweken. Ik heb een behoorlijk
grote tuin, en ik kweek er graag **verschillende** dingen
in. Ik kweek bloemen, **groenten** en kruiden. Ik heb
ook een paar fruitbomen die heerlijke appels, peren
en pruimen voortbrengen. Naast het kweken van
dingen, vind ik het ook leuk om gewoon in mijn tuin
rond te lopen en de verschillende planten en dieren te

beberapa pohon buah yang menghasilkan beberapa apel, pir, dan plum yang lezat. Selain menanam berbagai hal, saya juga senang menghabiskan waktu hanya dengan berjalan-jalan di sekitar kebun saya, **mengagumi** semua tanaman dan hewan yang berbeda yang menyebutnya sebagai rumah. Saya telah menghabiskan waktu berjam-jam selama bertahun-tahun untuk membuat **kebun** saya menjadi tempat yang tidak hanya indah tetapi juga fungsional. Saya suka melihat burung-burung beterbangan dan mendengarkan mereka bernyanyi. Kadang-kadang saya bahkan membawa buku dan membaca di taman sambil dikelilingi oleh semua keindahan yang telah saya ciptakan. **Berkebun** adalah hasrat saya dan itu memberi saya begitu banyak kegembiraan. Setiap hari di kebun saya adalah hari yang baik.

Salah satu hal yang saya suka lakukan adalah memasak, jadi memiliki kebun herbal yang lengkap sangat **penting** bagi saya. Thyme, basil, oregano, rosemary, sage, dan lavender adalah beberapa tanaman herbal yang saya suka tanam di kebun saya sehingga saya bisa menggunakannya saat memasak makanan untuk diri saya sendiri atau untuk **tamu**. Hal lain yang penting bagi saya dalam hal kebun saya adalah memastikan bahwa ada banyak warna di seluruh kebun saya.

bewonderen die er wonen. Ik heb in de loop der jaren vele uren besteed om van mijn **tuin** een plek te maken die niet alleen mooi is, maar ook functioneel. Ik kijk graag naar de vogels die rondfladderen en luister naar hun gezang. Soms haal ik zelfs een boek tevoorschijn en lees in de tuin terwijl ik omringd ben door al het moois dat ik heb gecreëerd. **Tuinieren** is mijn passie en het brengt me zoveel vreugde. Elke dag in mijn tuin is een goede dag.

Een van de dingen die ik graag doe is koken, dus een goed gevulde kruidentuin is erg **belangrijk** voor me. Tijm, basilicum, oregano, rozemarijn, salie en lavendel zijn slechts enkele van de kruiden die ik graag in mijn tuin kweek, zodat ik ze kan gebruiken bij het bereiden van maaltijden voor mezelf of voor **gasten**. Wat ik ook belangrijk vind in mijn tuin is dat er veel kleur in zit.

Pertanyaan Pemahaman

1. Di manakah sang narator ketika ia memulai cerita?

2. Apa yang dicium oleh narator ketika ia membuka matanya?

3. Apa yang didengar narator ketika ia membuka matanya?

4. Tabir surya siapakah yang diberikan wanita itu kepada narator?

5. Apa yang diimpikan oleh sang narator?

6. Mengapa berenang di laut begitu istimewa bagi sang narator?

7. Bagaimana rasanya air tempat narator berenang?

8. Apa yang dilihat narator ketika ia keluar dari air?

9. Apa yang dilakukan wanita itu setelah ia mengoleskan tabir surya pada narator?

10. Apa yang dibicarakan oleh narator dan wanita itu di akhir cerita?

Begrip vragen

1. Waar is de tuin van de auteur?

2. Hoeveel kippen heeft de schrijver?

3. Wat doet de schrijver elke dag in de tuin?

4. Waarom houdt de auteur van de tuin?

5. Welke kruiden plant de auteur in de tuin?

6. Waarom is het belangrijk voor de auteur dat er veel kleuren in zijn tuin zijn?

7. Hoe brengt de auteur afwisseling in zijn tuin?

8. Hoe voelt de schrijver zich als hij in zijn tuin werkt?

9. Waardoor voelt de auteur zich verbonden als hij in zijn tuin is?

10. Waarom is elke dag in de tuin van de auteur een goede dag?

Pergi Berbelanja

Saya suka pergi **berbelanja** di mal. Selalu menyenangkan untuk berjalan-jalan dan melihat-lihat semua toko yang berbeda. Ada sesuatu untuk semua orang di mal, dan selalu menjadi tempat yang bagus untuk menemukan penawaran untuk pakaian, sepatu, dan aksesori. Saya **biasanya** memulai perjalanan belanja saya dengan berjalan melalui **pintu masuk** utama mal. Dari sana, saya menuju ke toko favorit saya terlebih dahulu. Setelah melihat-lihat toko-toko tersebut, saya akan berkeliling dan melihat apakah ada penjualan yang sedang berlangsung di tempat lain. Saya biasanya menghabiskan beberapa jam di mal sebelum akhirnya melakukan pembelian. Saya selalu ingin meluangkan waktu saat berbelanja **karena** saya ingin memastikan bahwa saya mendapatkan apa yang saya inginkan. Ditambah lagi, lebih menyenangkan seperti itu!

Saya selalu merasa sangat **menarik** untuk mengamati orang-orang saat saya berada di mal. Anda benar-benar dapat mengetahui banyak hal tentang seseorang dari cara mereka berbelanja. Beberapa orang sangat metodis dan meluangkan waktu mereka, sementara yang lain tampaknya hanya mengambil **apa pun yang** mereka bisa dan menuju ke kasir secepat mungkin.

Gaan winkelen

Ik hou ervan om te gaan **winkelen** in het winkelcentrum. Het is altijd zo leuk om rond te lopen en naar alle verschillende winkels te kijken. Er is voor elk wat wils in het winkelcentrum, en het is altijd een geweldige plek om deals te vinden voor kleren, schoenen en accessoires. Ik begin mijn shoppingtrip meestal met een wandeling door de **hoofdingang** van het winkelcentrum. Van daaruit ga ik eerst naar mijn favoriete winkels. Na het bekijken van die winkels, loop ik rond en kijk of er een verkoop gaande is op andere plaatsen. Meestal ben ik wel een paar uur in het winkelcentrum voordat ik eindelijk mijn aankopen doe. Ik neem altijd graag mijn tijd als ik ga winkelen, **want** ik wil zeker weten dat ik **precies** krijg wat ik wil. Plus, het is gewoon leuker op die manier!

Ik vind het altijd zo **fascinerend** om mensen te kijken als ik in het winkelcentrum ben. Je kunt echt veel over een persoon vertellen door de manier waarop ze winkelen. Sommige mensen zijn heel methodisch en nemen hun tijd, terwijl anderen gewoon lijken te grijpen **wat** ze kunnen en zo snel mogelijk naar de kassa gaan. Er zijn ook shoppers die meer geïnteresseerd lijken te zijn in het praten op hun mobieltje of in sms'en dan in het bekijken van de koopwaar! Het maakt echter

Ada juga pembeli yang tampaknya lebih tertarik untuk berbicara di ponsel mereka atau mengirim SMS daripada benar-benar melihat barang dagangan apa pun! Namun, apa pun jenis pembelanja Anda, semua orang tampaknya menikmati window shopping - bahkan jika Anda tidak benar-benar membeli apa pun. Ada sesuatu tentang melihat semua barang cantik di **jendela** toko yang membuat saya bahagia. Kadang-kadang saya berkhayal, bagaimana jadinya jika saya bisa membeli **semua yang** saya lihat! Secara keseluruhan, menghabiskan waktu seharian berbelanja di mal adalah salah satu hiburan favorit saya. Ini adalah cara yang bagus untuk bersantai dan melepas penat sekaligus berolahraga (jika Anda cukup banyak berjalan-jalan). Ditambah lagi, **selalu** menyenangkan untuk memanjakan diri Anda dengan kemeja atau sepasang sepatu baru sesekali!

Saya mengalami hari yang **panjang** di tempat kerja dan akhirnya memiliki waktu untuk diri saya sendiri, jadi saya memutuskan untuk pergi berbelanja di mal. Saya membutuhkan beberapa pakaian baru untuk musim yang **akan datang.** Begitu saya masuk, saya melihat semua lampu terang dan etalase toko yang mengkilap. Saya menuju ke toko favorit saya terlebih dahulu dan mulai menelusuri rak-rak yang ada. Saya menemukan beberapa atasan yang lucu dan mencobanya di ruang ganti.

niet uit wat voor soort shopper je bent, iedereen lijkt te genieten van window shopping - zelfs als je niet echt iets koopt. Er is gewoon iets aan het kijken naar al die mooie dingen in de **etalages** dat me gelukkig maakt. Soms fantaseer ik over hoe het zou zijn als ik me **alles** kon veroorloven wat ik zie! Al met al is een dagje winkelen in het winkelcentrum een van mijn favoriete bezigheden. Het is een geweldige manier om te ontspannen en tot rust te komen, terwijl je ook een beetje beweging krijgt (als je maar genoeg rondloopt). Bovendien is het **altijd** leuk om jezelf af en toe te trakteren op een nieuw shirt of een paar schoenen!

Ik had een **lange** dag op het werk en had eindelijk wat tijd voor mezelf, dus besloot ik te gaan winkelen in het winkelcentrum. Ik had wat nieuwe kleren nodig voor het **komende** seizoen. Zodra ik binnenkwam, zag ik al die felle lichten en glimmende etalages. Ik ging eerst naar mijn favoriete winkel en begon door de rekken te snuffelen. Ik vond een paar leuke topjes en paste ze in de kleedkamer.

Pertanyaan Pemahaman

1. Di mana Anda paling suka menyimpan?

2. Apa toko favorit Anda di mal?

3. Berapa lama Anda biasanya berada di mal?

4. Apa pendapat Anda tentang orang-orang yang menghabiskan banyak waktu di mal?

5. Apa hal favorit Anda untuk dilakukan di mal?

6. Pernahkah Anda membeli sesuatu di mal ketika Anda tidak benar-benar membutuhkannya?

7. Bagaimana reaksi Anda ketika melihat sesuatu di mal yang sangat Anda sukai, tetapi harganya terlalu mahal?

8. Pernahkah Anda melihat sesuatu di mal dan bertanya-tanya siapa yang akan membelinya?

9. Apa pendapat Anda tentang orang-orang yang sibuk dengan ponsel mereka di mal daripada melihat-lihat toko?

Begrip vragen

1. Waar sla je het liefst op?

2. Wat is je favoriete winkel in het winkelcentrum?

3. Hoe lang blijft u meestal in het winkelcentrum?

4. Wat vind je van mensen die veel tijd in het winkelcentrum doorbrengen?

5. Wat is uw favoriete bezigheid in het winkelcentrum?

6. Heb je ooit iets gekocht in het winkelcentrum terwijl je het niet echt nodig had?

7. Hoe reageert u als u in het winkelcentrum iets ziet dat u heel graag zou willen hebben, maar dat te duur is?

8. Heb je ooit iets in het winkelcentrum gezien en je afgevraagd wie het zou kopen?

9. Wat vindt u van mensen die in het winkelcentrum met hun mobieltje bezig zijn in plaats van naar de winkels te kijken?

Di Pasar

Saya bangun pagi-pagi sekali pada hari Sabtu pagi, ingin sekali pergi ke **pasar** sebelum terlalu ramai. Saya mengenakan pakaian dan keluar dari pintu, mengambil tas yang dapat digunakan kembali di jalan. Sambil berjalan, saya mulai merencanakan apa yang ingin saya buat untuk minggu depan. Saya tahu saya ingin **memanggang** sayuran setidaknya sekali, jadi saya harus membeli beberapa sayuran berkualitas baik. Saya juga ingin membuat sup atau rebusan, jadi saya juga perlu membeli daging. Saya harus melihat apa yang terlihat bagus ketika saya sampai di sana. Pasarnya hanya beberapa blok jauhnya, dan saya sudah bisa melihat kios-kios yang didirikan dan **orang-orang yang** berkeliaran.

Saya tiba di pasar dan langsung menuju kios sayuran. Pilihannya indah, dan saya mengisi tas saya dengan berbagai produk **segar.** Saya mengobrol sebentar dengan petani, dan dia merekomendasikan beberapa resep untuk saya. Saya bersemangat untuk mencobanya. Saya mengobrol dengan para **petani** sambil berbelanja, mengenal mereka dan produk mereka. Setelah saya mendapatkan semua sayuran yang saya butuhkan, saya beralih ke bagian daging. Saya sedikit lebih ragu-ragu di sini, karena saya

Op de markt

Ik sta op zaterdagochtend vroeg op, popelend om naar de **markt te gaan** voordat het te druk wordt. Ik trek wat kleren aan en ga de deur uit, terwijl ik onderweg mijn herbruikbare tassen pak. Terwijl ik loop, begin ik te plannen wat ik de komende week wil maken. Ik weet dat ik minstens één keer groenten wil **roosteren**, dus ik moet wat groenten van goede kwaliteit kopen. Ik wil ook een soep of stoofpot maken, dus ik moet ook wat vlees kopen. Ik zal moeten kijken wat er goed uitziet als ik daar ben. De markt is maar een paar straten verderop, en ik zie de kraampjes al staan en de **mensen al rondlopen**.

Ik kom aan op de markt en ga meteen naar de groentekraam. Het aanbod is prachtig en ik vul mijn tassen met een verscheidenheid aan **verse** producten. Ik maak een praatje met de boer en hij raadt me een paar recepten aan. Ik ben enthousiast om ze uit te proberen. Ik maak een praatje met de **boeren** terwijl ik aan het winkelen ben en leer hen en hun producten kennen. Als ik alle groenten heb die ik nodig heb, ga ik naar de vleesafdeling. Ik aarzel een beetje, omdat ik niet zeker weet wat ik wil hebben. Uiteindelijk kies ik voor kip, omdat dat veelzijdig is en in allerlei gerechten kan worden gebruikt. Ik koop

tidak yakin apa yang ingin saya beli. Akhirnya saya memutuskan untuk membeli daging ayam, karena daging ayam serbaguna dan dapat digunakan dalam berbagai hidangan. Saya juga membeli beberapa potongan daging yang berbeda, memastikan untuk mendapatkan daging sapi yang diberi makan rumput dan **ayam** kampung. Tukang daging itu adalah seorang pria yang ramah, selalu ceria meskipun ia bekerja berjam-jam. Dia membungkus dada ayam dan steak saya sebelum mengobrol dengan saya tentang rencana akhir pekannya. Saya mengucapkan selamat tinggal kepadanya dan melanjutkan perjalanan. Saya juga membeli beberapa telur dan keju dari bagian produk susu.

Pasar itu ramai dengan orang-orang, semuanya ingin mendapatkan hasil bumi dan daging segar yang ditawarkan. Udara terasa kental dengan aroma bawang putih dan bawang bombay, dan suara tawa serta percakapan memenuhi udara. Saya berjalan melewati kerumunan, memilih barang-barang lain yang saya butuhkan untuk belanja mingguan saya. Saya mengisi **keranjang** saya dengan buah dan sayuran, pasta dan roti, sebelum menuju ke kasir. Antriannya panjang, tetapi bergerak dengan cepat. Akhirnya, **belanjaan** terakhir dibeli, dan tiba saatnya untuk pulang. Mobil sudah terisi penuh, dan perjalanan pulang terasa lama dan membosankan. Lalu lintas sangat padat dan panasnya menindas.

ook een paar verschillende stukken vlees, en zorg ervoor dat ik grasgevoerd rundvlees en **scharrelkip koop**. De slager was een vriendelijke man, altijd vrolijk ondanks de lange uren die hij werkte. Hij pakte mijn kippenborst en biefstuk in voordat hij met me praatte over zijn weekendplannen. Ik nam afscheid van hem en vervolgde mijn weg. Ik heb ook nog wat eieren en kaas meegenomen uit de zuivelafdeling.

Het krioelde van de mensen op de markt, die allemaal stonden te popelen om de verse producten en het vlees dat werd aangeboden in **handen te** krijgen. De lucht hing vol met de geur van knoflook en uien, en het geluid van gelach en gesprekken vulde de lucht. Ik baande me een weg door de menigte en zocht de andere dingen uit die ik nodig had voor mijn wekelijkse boodschappen. Ik vulde mijn **mandje** met fruit en groenten, pasta en brood, voordat ik naar de kassa ging. De rij was lang, maar het ging snel. Eindelijk waren de laatste **boodschappen** gedaan, en was het tijd om naar huis te gaan. De auto werd volgeladen, en de rit naar huis was lang en moeizaam. Het verkeer was druk en de hitte was drukkend.

Pertanyaan Pemahaman

1. Ke mana orang tersebut pergi?

2. Apa yang ingin dibeli oleh orang tersebut?

3. Berapa banyak tas yang dimiliki orang tersebut?

4. Seberapa jauh jarak pasar?

5. Apa yang sedang dilakukan orang tersebut sekarang?

6. Apa saja yang ada di pasar?

7. Berapa banyak orang yang ada di pasar?

8. Berapa lama waktu yang dibutuhkan orang tersebut untuk membeli semuanya?

9. Bagaimana orang tersebut pulang ke rumah?

10. Apa yang dilakukan orang tersebut ketika sampai di rumah?

Begrip vragen

1. Waar gaat de persoon heen?

2. Wat wil de persoon kopen?

3. Hoeveel tassen heeft de persoon?

4. Hoe ver weg is de markt?

5. Wat doet de persoon op dit moment?

6. Wat is alles op de markt?

7. Hoeveel mensen zijn er op de markt?

8. Hoe lang heeft de persoon erover gedaan om alles te kopen?

9. Hoe is de persoon naar huis gegaan?

10. Wat deed de persoon toen hij of zij thuiskwam?

Di Kafe

Saat itu adalah pagi **musim gugur yang** dingin, dan saya telah mengatur untuk bertemu teman saya Lily di kafe favorit kami untuk minum kopi. Saya membungkus diri dengan mantel dan syal hangat dan berangkat. Daun-daun berguguran dari pepohonan dan udara terasa dingin, tetapi matahari bersinar dan menjanjikan hari yang indah. Sambil berjalan, saya **berpikir** tentang betapa senangnya memiliki teman seperti Lily. Kami telah berteman selama bertahun-tahun, sejak kami bertemu di **universitas**. Kami terikat karena kecintaan kami pada kopi dan menghabiskan waktu mengobrol di kafe. Meskipun kami sekarang tinggal di bagian kota yang berbeda, kami masih bisa bertemu untuk minum kopi seminggu sekali. Saya tiba di kafe, dan Lily sudah ada di sana, menunggu saya. Kami saling berpelukan dan kemudian memesan kopi kami. Kami menemukan meja di dekat jendela dan duduk untuk mengobrol. **Kopinya** enak, seperti biasa, dan sangat menyenangkan bisa mengobrol dengan Lily. Kami berbicara tentang minggu kami, pekerjaan kami, dan rencana kami untuk masa depan. Selalu begitu mudah untuk berbicara dengan Lily, dan saya merasa seperti saya bisa menceritakan apa saja kepadanya. Setelah beberapa saat, kami mulai merasa lapar dan **memutuskan** untuk memesan makanan.

In een café

Het was een kille **herfstochtend** en ik had met mijn vriendin Lily afgesproken in ons favoriete café voor een kopje koffie. Ik wikkelde me warm in mijn jas en sjaal en ging op weg. De bladeren vielen van de bomen en de lucht was een beetje fris, maar de zon scheen en het beloofde een mooie dag te worden. Terwijl ik liep, **dacht** ik aan hoe goed het was om een vriendin als Lily te hebben. We waren al jaren vriendinnen, sinds we elkaar op de **universiteit** ontmoetten. We kregen een band door onze voorliefde voor koffie en het kletsen in cafés. Ook al woonden we nu in verschillende delen van de stad, we kwamen nog steeds één keer per week samen om koffie te drinken. Ik kwam aan bij het café, en Lily zat daar al op me te wachten. We omhelsden elkaar en bestelden onze koffie. We vonden een tafeltje bij het raam en gingen zitten kletsen. De **koffie** was heerlijk, zoals altijd, en het was zo leuk om bij te praten met Lily. We spraken over onze week, onze banen, en onze plannen voor de toekomst. Het was altijd zo makkelijk om met Lily te praten, en ik had het gevoel dat ik haar alles kon vertellen. Na een tijdje begonnen we honger te krijgen en **besloten we** wat eten te bestellen.

We **bestelden** ons eten en zochten een plaatsje bij het raam. De zon scheen door het raam naar binnen,

Kami **memesan** makanan kami dan menemukan tempat duduk di dekat jendela. Matahari bersinar melalui jendela, membuat semuanya terasa hangat dan bahagia. Kami mengobrol sambil menyantap makanan kami, menikmati kesenangan sederhana karena **ditemani** satu sama lain. Kafe itu sibuk, tetapi tidak terasa ramai. Ada perasaan damai dan puas di udara. Saat kami menghabiskan makanan kami, kami duduk lebih lama, hanya menikmati **suasana** damai. Kami berbincang-bincang sejenak tentang berbagai hal yang telah terjadi dalam hidup kami. Senang sekali bisa berbincang-bincang dengan teman saya dan **bersantai**. Matahari bersinar melalui jendela, dan rasanya **tidak ada yang** bisa merusak hari sempurna kami.

Tiba-tiba, saya mendengar suara benturan keras. Saya berbalik untuk melihat seorang pria telah jatuh melalui langit-langit dan tergeletak di lantai di depan kami. Dia **tertutup** debu dan puing-puing dan tampak tidak sadarkan diri. Teman saya dan saya sama-sama terkejut saat kami menatap pria yang tergeletak di lantai. Kami tidak tahu apa yang harus kami lakukan atau siapa yang harus kami mintai pertolongan. Kami hanya duduk di sana menatapnya, tidak tahu apa yang harus dilakukan. Setelah beberapa menit, saya tersadar dan menelepon 911. Operator mengatakan kepada saya bahwa seseorang akan segera datang.

waardoor alles warm en gelukkig aanvoelde. We
babbelden terwijl we ons eten aten, en genoten van het
simpele plezier om in elkaars **gezelschap** te zijn. Het
was druk in het café, maar het voelde niet druk aan. Er
hing een gevoel van vrede en tevredenheid in de lucht.
Toen we ons eten op hadden, bleven we nog een tijdje
zitten, genietend van de vredige **sfeer**. We praatten een
tijdje over verschillende dingen die in ons leven waren
gebeurd. Het was zo fijn om bij te praten met mijn
vriend en gewoon **te ontspannen**. De zon scheen door
het raam, en het voelde alsof **niets** onze perfecte dag
kon verpesten.

Plotseling hoorde ik een harde klap. Ik draaide me om
en zag dat een man door het plafond was gevallen
en voor ons op de grond lag. Hij was **bedekt** met stof
en puin en leek bewusteloos te zijn. Mijn vriend en ik
waren allebei in shock toen we naar de man staarden
die op de grond lag. We wisten niet wat we moesten
doen of wie we moesten bellen voor hulp. We zaten
daar gewoon naar hem te staren, niet wetend wat te
doen. Na een paar minuten kwam ik bij en belde 911.
De telefoniste zei me dat er zo iemand zou komen.

Pertanyaan Pemahaman

1. Dari mana asal orang yang jatuh dari atap?

2. Mengapa wanita itu bersama temannya di kafe?

3. Apa kafe favorit kedua sahabat itu?

4. Sudah berapa lama kedua sahabat itu saling mengenal satu sama lain?

5. Apa minuman favorit kedua sahabat itu?

6. Di kota manakah kedua sahabat itu tinggal?

7. Seberapa sering kedua sahabat itu bertemu?

8. Apa yang dibicarakan oleh kedua sahabat ini ketika mereka pertama kali bertemu di kafe favorit mereka?

9. Apa makanan favorit kedua sahabat itu?

10. Mengapa begitu mudah berbicara dengan Lily?

Begrip vragen

1. Waar komt de man vandaan die door het dak valt?

2. Waarom is de vrouw met haar vriendin in het café?

3. Wat is het favoriete café van de twee vrienden?

4. Hoe lang kennen de twee vrienden elkaar al?

5. Wat is het favoriete drankje van de twee vrienden?

6. In welke stad wonen de twee vrienden?

7. Hoe vaak ontmoeten de twee vrienden elkaar?

8. Waar hebben de twee vrienden het over als ze elkaar voor het eerst ontmoeten in hun favoriete café?

9. Wat is het lievelingseten van de twee vrienden?

10. Waarom is het zo makkelijk om met Lily te praten?

Pergi Berenang

Kolam renang selalu menjadi tempat yang **menyegarkan**, dan hari ini tidak berbeda. Matahari bersinar dan airnya tampak mengundang. Saya menarik napas dalam-dalam dan terjun ke dalam, merasakan sejuknya pelukan air. Saya berenang berputar-putar sebentar, menikmati latihan dan kesempatan untuk menjernihkan pikiran saya. Setelah beberapa saat, saya keluar dan mengeringkan diri, lalu duduk di atas handuk untuk bersantai di bawah sinar matahari. Saya memejamkan mata dan membiarkan **kehangatan** membasahi saya, merasakan otot-otot saya mulai rileks. Tiba-tiba, saya mendengar percikan air dan membuka mata saya untuk melihat adik perempuan saya **mendayung** di sekitar perairan dangkal. Saya tersenyum dan mengamatinya sebentar, lalu berdiri dan berjalan ke arahnya. Kami mengobrol sebentar dan mendayung bersama, menikmati kebersamaan satu sama lain. Tak lama kemudian, orang tua kami bergabung dengan kami, dan kami menghabiskan sisa sore hari dengan berenang dan bermain game bersama. Selalu menyenangkan menghabiskan waktu bersama keluarga di kolam renang. Ada **sesuatu** tentang berada di dalam air yang tampaknya menyatukan orang-orang. Mungkin karena kita semua sama ketika berada di dalam air-

Gaan zwemmen

Het zwembad was altijd een **verfrissende** plek om te zijn, en vandaag was dat niet anders. De zon scheen en het water zag er uitnodigend uit. Ik haalde diep adem en dook erin, de koele omhelzing van het water voelend. Ik zwom een tijdje baantjes, genoot van de beweging en de kans om mijn hoofd leeg te maken. Na een tijdje kwam ik eruit en droogde me af, waarna ik op een handdoek ging zitten om te relaxen in de zon. Ik sloot mijn ogen en liet de **warmte** over me heen spoelen, ik voelde mijn spieren ontspannen. Plotseling hoorde ik een plons en ik opende mijn ogen om mijn kleine zusje te zien **poedelen** in het ondiepe gedeelte. Ik glimlachte en keek een tijdje naar haar, stond toen op en liep naar haar toe. We kletsten wat en peddelden samen wat rond, genietend van elkaars gezelschap. Al snel kwamen onze ouders erbij, en we brachten de rest van de middag zwemmend en spelend door. Het was altijd zo leuk om tijd met de familie in het zwembad door te brengen. Er is **iets** met in het water zijn dat mensen samenbrengt. Misschien is het omdat we allemaal gelijk zijn als we in het water zijn - we kunnen onze gebreken niet verbergen of doen alsof we iets zijn wat we niet zijn. Of misschien is het gewoon omdat het leuk is! **Wat** de reden ook is, ik was gewoon blij dat we allemaal bij elkaar konden komen en van elkaars gezelschap

kita tidak bisa menyembunyikan kekurangan kita atau berpura-pura menjadi sesuatu yang bukan diri kita. Atau mungkin hanya karena itu menyenangkan! **Apa pun** alasannya, saya senang bahwa kami semua bisa berkumpul dan menikmati kebersamaan satu sama lain di tempat yang begitu istimewa.

Matahari menyengat kulit saya dan bau klorin tercium di udara. Saya bisa mendengar suara anak-anak tertawa dan bermain air di kolam renang. Saya sedang berbaring di kursi **santai** di samping kolam renang, berjemur di bawah sinar matahari dan **menikmati** hari. Mata saya terpejam dan baru saja akan tertidur ketika saya mendengar seseorang berjalan ke arah saya. Saya membuka mata saya dan melihat seorang wanita berdiri di samping saya. Dia mengenakan bikini dan handuk melilit pinggangnya. Dia memiliki rambut pirang panjang dan mata biru. Dia memegang sebotol **tabir surya** di tangannya. "Apakah Anda keberatan jika saya mengoleskan tabir surya di punggung Anda?" tanyanya. "Tidak, tidak apa-apa," kataku, duduk sehingga dia bisa mencapai punggungku. Saya merasakan tangannya di kulit saya saat dia mengoleskan tabir surya.

konden genieten op zo'n speciale plek.

De zon scheen op mijn huid en de geur van chloor hing in de lucht. Ik kon de geluiden horen van lachende kinderen die in het zwembad spetterden. Ik lag op een ligstoel naast het zwembad, te genieten van de zon en **de** dag. Ik had mijn ogen gesloten en wilde net in slaap vallen toen ik iemand naar me toe hoorde lopen. Ik opende mijn ogen en zag een vrouw naast me staan. Ze droeg een bikini en had een handdoek om haar middel gewikkeld. Ze had lang blond haar en blauwe ogen. Ze hield een fles **zonnebrandcrème** in haar hand. "Vind je het erg als ik wat zonnebrandcrème op je rug smeer?" vroeg ze. "Nee, dat hoeft niet," zei ik, terwijl ik rechtop ging zitten zodat ze bij mijn rug kon. Ik voelde haar handen op mijn huid terwijl ze de zonnebrandcrème aanbracht.

Pertanyaan Pemahaman

1. Di manakah sang narator ketika ia memulai cerita?

2. Apa yang dicium oleh narator ketika ia membuka matanya?

3. Apa yang didengar narator ketika ia membuka matanya?

4. Tabir surya siapakah yang diberikan wanita itu kepada narator?

5. Apa yang diimpikan oleh sang narator?

6. Mengapa berenang di laut begitu istimewa bagi sang narator?

7. Bagaimana rasanya air tempat narator berenang?

8. Apa yang dilihat narator ketika ia keluar dari air?

9. Apa yang dilakukan wanita itu setelah ia mengoleskan tabir surya pada narator?

10. Apa yang dibicarakan oleh narator dan wanita itu di akhir cerita?

Begrip vragen

1. Waar was de verteller toen hij het verhaal begon?

2. Wat ruikt de verteller als hij zijn ogen opent?

3. Wat hoort de verteller als hij zijn ogen opent?

4. Van wie is de zonnebrandcrème die de vrouw aan de verteller geeft?

5. Waar droomt de verteller over?

6. Waarom is zwemmen in de zee zo speciaal voor de verteller?

7. Hoe voelt het water aan waarin de verteller zwemt?

8. Wat ziet de verteller als hij uit het water komt?

9. Wat doet de vrouw nadat ze de verteller heeft ingesmeerd met zonnebrandcrème?

10. Waarover praten de verteller en de vrouw aan het eind van het verhaal?

Memotong Rumput

Saat itu pukul 10 pagi di hari **Sabtu** musim panas, dan matahari sudah menyengat tanpa ampun. Anda berjalan dengan susah payah ke garasi untuk mengambil mesin pemotong rumput, merasa seperti sedang **dihukum** kerja paksa. Anda mulai memotong rumput, memastikan untuk memotong rumput dengan baik dan pelan agar tidak ada bagian yang terlewatkan. Saat Anda memotong rumput, Anda berpikir tentang betapa menyenangkan rasanya berada di luar ruangan dengan udara segar. Saat Anda mulai mendorong mesin pemotong rumput bolak-balik di halaman, Anda melihat tetangga Anda dari sudut **mata Anda**. Anda melambaikan tangan dan menyapanya, dan dia membalas lambaiannya.

Setelah beberapa menit, Anda selesai, dan Anda pergi ke rumah tetangga Anda untuk minum bir bersamanya di taman depan. Hari itu adalah hari **yang** sempurna-tidak terlalu panas, dengan angin sepoi-sepoi yang bertiup lembut. Anda duduk di sana di bawah naungan pohon, menyeruput bir Anda dan mengobrol dengan tetangga Anda. Hari-hari seperti inilah yang membuat Anda menghargai musim panas. Kemudian Anda masuk ke dalam untuk minum bir yang memang

Het maaien van het gazon

Het is 10 uur 's ochtends op een zomerse **zaterdag**, en de zon schijnt al ongenadig. Je sjokt naar de garage om de grasmaaier te halen, met het gevoel dat je **veroordeeld bent** tot dwangarbeid. Je begint het gazon te maaien, en zorgt ervoor dat je het rustig aan doet, zodat je niets over het hoofd ziet. Terwijl je aan het maaien bent, denk je aan hoe goed het voelt om buiten in de frisse lucht te zijn. Terwijl u de maaler heen en weer over het gazon duwt, ziet u uw buurman vanuit uw **ooghoek**. Je zwaait en zegt hallo, en hij zwaait terug.

Na een paar minuten ben je klaar, en je gaat naar het huis van je buurman om met hem een biertje te drinken in de voortuin. Het is een **perfecte** dag - niet te warm, met een zacht briesje. Je zit daar in de schaduw van de boom, nipt van je biertje en kletst wat met je buurman. Het zijn dagen als deze die je de zomer doen waarderen. Dan **ga** je naar binnen voor een welverdiend biertje. Je ploft neer in een stoel op de veranda, trekt het blikje open en slaakt een tevreden zucht. Het geluid van de maaier verdwijnt naar de achtergrond terwijl je in de schaduw ontspant en geniet van de **rust** van het moment. Het bier smaakt extra goed na al dat harde werk in de hitte. Ik stond op het

layak. Anda menjatuhkan diri di kursi di teras depan dan membuka kalengnya, menghela napas puas. Suara mesin pemotong rumput memudar menjadi latar belakang saat Anda bersantai di tempat teduh, menikmati **kedamaian** saat itu. Bir terasa sangat enak setelah semua kerja keras di tengah cuaca panas. Saya hendak masuk ke dalam rumah ketika mendengar suara berisik di sebelah.

Kedengarannya seperti ada yang menangis. Saya berhenti memotong rumput dan berjalan ke pagar yang memisahkan pekarangan kami. Saya mengintip dan melihat tetangga saya, Nyonya Johnson, menangis di ayunan teras rumahnya. Saya memanggilnya, tetapi dia tidak mendengar saya. Saya memanjat pagar dan berjalan ke arahnya. "Nyonya Johnson, apakah Anda baik-baik saja?" Saya bertanya. Dia menatap saya dengan air mata berlinang dan menggelengkan kepalanya. "Tidak, saya tidak baik-baik saja," katanya. "Kucing saya mati kemarin." Saya terkejut. Saya tidak tahu harus berkata apa. Saya hanya berdiri di sana dengan canggung, tidak tahu apa yang harus saya lakukan. Akhirnya, saya meletakkan tangan saya di **bahunya** dan berkata, "Saya turut berduka cita, Nyonya Johnson. Jika ada yang bisa saya lakukan untuk membantu, tolong beri tahu saya. " Dia menggelengkan kepalanya dan berkata, "Tidak, **tidak ada** yang bisa dilakukan siapa pun." Kemudian dia bangkit dan masuk ke dalam rumahnya.

punt om naar binnen te gaan toen ik een geluid hoorde bij de buren.

Het **klonk** alsof iemand huilde. Ik stopte met maaien en liep naar het hek dat onze tuinen scheidde. Ik keek om en zag mijn buurvrouw, mevrouw Johnson, huilen op haar schommelbank. Ik riep naar haar, maar ze hoorde me niet. Ik klom over het hek en liep naar haar toe. "Mevrouw Johnson, is alles goed met u?" vroeg ik. Ze keek met tranen in haar ogen naar me op en schudde haar hoofd. "Nee, het gaat niet goed met me," zei ze. "Mijn kat is gisteren gestorven." Ik was geschokt. Ik wist niet wat ik moest zeggen. Ik stond daar maar wat ongemakkelijk, niet wetend wat ik moest doen. Uiteindelijk legde ik mijn hand op haar **schouder** en zei: "Het spijt me zo, mevrouw Johnson. Als er iets is wat ik kan doen om te helpen, laat het me alsjeblieft weten. "Ze schudde haar hoofd en zei: Nee, er is **niets** dat iemand kan doen. Toen stond ze op en ging haar huis binnen.

Pertanyaan Pemahaman

1. Jam berapa sekarang?

2. Di manakah orang yang sedang memotong rumput?

3. Bagaimana perasaan orang tersebut?

4. Mengapa orang tersebut harus memotong rumput secara perlahan-lahan?

5. Cuaca seperti apa itu?

6. Apa yang dilakukan orang tersebut setelah memotong rumput?

7. Apa yang didengar orang tersebut sebelum pulang ke rumah?

8. Siapa yang bersama Nyonya Johnson?

9. Mengapa Ibu Johnson menangis?

10. Apa yang dikatakan orang tersebut kepada Nyonya Johnson?

Begrip vragen

1. Hoe laat is het?

2. Waar is de persoon aan het maaien?

3. Hoe voelt de persoon zich?

4. Waarom moet de persoon langzaam maaien?

5. Wat voor weer is het?

6. Wat doet de persoon na het maaien?

7. Wat hoort de persoon voordat hij naar huis gaat?

8. Wie is er bij Mrs Johnson?

9. Waarom huilt Mrs Johnson?

10. Wat zegt de persoon tegen Mrs. Johnson?

Memotong Rambut

Saya sudah berminggu-minggu bermaksud untuk memotong rambut, tetapi entah bagaimana selalu berhasil menundanya. Tetapi dengan **Natal yang sudah** dekat, saya tahu saya tidak bisa menundanya lebih lama lagi. Saya tidak ingin datang ke acara makan malam Natal keluarga saya dengan penampilan berantakan. Jadi, pagi-pagi sekali pada hari Natal, saya pergi ke salon. Meskipun masih pagi, salon itu sudah sibuk dengan orang-orang lain **yang** menata rambut mereka untuk liburan. Saya mengambil tempat saya di antrean dan menunggu giliran saya. Akhirnya, tiba giliran saya di kursi. Penata rambut, seorang wanita ramah bernama Jill, bertanya apa yang saya inginkan. "Hanya memangkas rambut, tidak terlalu drastis," jawab saya. Jill mulai bekerja, memotong rambut saya. Saat dia bekerja, saya mulai rileks. Rasanya menyenangkan akhirnya bisa merawat diri saya sendiri. Akhir-akhir ini saya begitu sibuk, berlarian mengurus orang lain, sehingga saya membiarkan kebutuhan saya sendiri terabaikan. Tapi sekarang tidak **lagi**. Mulai sekarang, saya akan meluangkan waktu untuk diri saya sendiri.

Ketika Jill selesai, saya melihat ke cermin dan senang dengan apa yang saya lihat. Rambut saya terlihat rapi dan dipoles-sempurna untuk pertemuan liburan. Saya

Naar de kapper

Ik wilde al weken naar de kapper, maar op de een of andere manier kon ik het steeds uitstellen. Maar met **Kerstmis voor de deur**, wist ik dat ik het niet langer kon uitstellen. Ik wilde niet op het kerstdiner van mijn familie verschijnen als een smerige puinhoop. Dus, vroeg op kerstochtend, ging ik naar de salon. Hoewel het nog vroeg was, was de salon al druk bezig met andere mensen **die** hun haar lieten doen voor de feestdagen. Ik nam plaats in de rij en wachtte op mijn beurt. Eindelijk was het mijn beurt in de stoel. De styliste, een vriendelijke vrouw die Jill heette, vroeg me wat ik wilde. "Gewoon een knipbeurt, niets te drastisch," antwoordde ik. Jill ging aan de slag en knipte mijn haar weg. Terwijl ze werkte, begon ik te ontspannen. Het voelde goed om eindelijk voor mezelf te zorgen. Ik had het de laatste tijd zo druk gehad met voor iedereen te zorgen, dat ik mijn eigen behoeften aan de kant had laten liggen. Maar **nu** niet **meer**. Van nu af aan, zou ik tijd voor mezelf maken.

Toen Jill klaar was, keek ik in de spiegel en was blij met wat ik zag. Mijn haar zag er netjes en gepolijst uit-perfect voor vakantie bijeenkomsten. Ik **bedankte** Jill en maakte een notitie om vaker terug te komen. Van nu af aan zal ik in de eerste plaats voor mezelf

berterima kasih kepada Jill dan membuat catatan **mental** untuk lebih sering kembali. Mulai sekarang, saya akan merawat diri saya sendiri terlebih dahulu dan terutama. Dia mulai bekerja memotong-motong rambut saya. Saya berpikir tentang betapa bersyukurnya saya bahwa saya akhirnya bisa memotong rambut saya. Rasanya menyenangkan mengetahui bahwa saya akan terlihat rapi untuk **makan malam** Natal. Saya tidak lagi harus khawatir tentang keluarga saya yang menggoda saya tentang penampilan saya yang "berantakan". Setelah beberapa menit, penata rambut selesai memangkas rambut saya dan mengeringkan rambut saya dengan cepat. Saya melihat ke cermin dan senang dengan apa yang saya lihat-penampilan bersih yang akan sempurna untuk makan malam Natal. Sekarang, setelah potongan rambut saya selesai, saya bisa fokus menikmati liburan bersama keluarga saya. Dan saya bahkan lebih bersyukur untuk itu.

Rasanya sangat **membebaskan**, dan saya menyukai tampilan potongan rambut baru saya. Setelah saya membayar untuk potongan rambut saya, saya pulang ke rumah dan mulai berkemas untuk perjalanan saya. Saya **tidak** sabar untuk memamerkan penampilan baru saya kepada keluarga dan teman-teman saya. Saya tahu mereka akan terkejut ketika melihat saya. Pada hari penerbangan, saya tiba di bandara dengan banyak waktu luang. Saya melewati keamanan tanpa masalah, dan segera saya dalam perjalanan.

zorgen. Ze begon aan mijn haar te knippen. Ik dacht eraan hoe dankbaar ik was dat ik er eindelijk aan toe was gekomen om mijn haar te laten knippen. Het voelde goed om te weten dat ik er toonbaar uit zou zien voor **het kerstdiner**. Ik hoefde me geen zorgen meer te maken dat mijn familie me zou plagen over mijn "smerige" uiterlijk. Na een paar minuten was de styliste klaar met het knippen van mijn haar en föhnde ze me snel. Ik keek in de spiegel en was blij met wat ik zag: een strak geknipt kapsel dat perfect zou zijn voor het kerstdiner. Nu mijn kapsel achter de rug was, kon ik me concentreren op de feestdagen met mijn gezin. En daar was ik nog dankbaarder voor.

Het voelde zo **bevrijdend**, en ik hield van de manier waarop mijn nieuwe kapsel eruit zag. Nadat ik voor mijn kapsel had betaald, ging ik naar huis en begon ik in te pakken voor mijn reis. Ik **kon niet** wachten om mijn nieuwe look aan mijn familie en vrienden te tonen. Ik wist dat ze verrast zouden zijn als ze me zouden zien. Op de dag van mijn vlucht kwam ik ruim op tijd aan op de luchthaven. Ik ging zonder problemen door de beveiliging en al snel was ik op weg.

Pertanyaan Pemahaman

1. Apa yang perlu dilakukan oleh sang tokoh utama sebelum Natal?

2. Bagaimana perasaan sang tokoh utama tentang mengurus dirinya sendiri?

3. Siapa yang memangkas rambut sang protagonis?

4. Mengapa keluarga protagonis akan menggodanya?

5. Bagaimana perasaan sang tokoh utama setelah memotong rambutnya?

6. Apa yang dilakukan sang tokoh utama setelah memotong rambutnya?

7. Apa reaksi keluarga protagonis terhadap potongan rambutnya?

8. Apa yang dilakukan sang tokoh utama pada malam Natal?

9. Apa yang membuat pengalaman sang protagonis lebih istimewa?

10. Apa yang akan terjadi jika sang protagonis tidak memotong rambut?

Begrip vragen

1. Wat moest de hoofdpersoon doen voor Kerstmis?

2. Hoe vond de hoofdpersoon het om voor zichzelf te zorgen?

3. Wie heeft het haar van de hoofdpersoon geknipt?

4. Waarom ging de familie van de hoofdpersoon haar plagen?

5. Hoe voelde de hoofdpersoon zich nadat ze naar de kapper was geweest?

6. Wat heeft de hoofdpersoon gedaan nadat ze naar de kapper is geweest?

7. Wat was de reactie van de familie van de hoofdpersoon op haar kapsel?

8. Wat deed de hoofdpersoon op kerstavond?

9. Wat maakte de ervaring van de hoofdpersoon specialer?

10. Wat zou er gebeuren als de hoofdpersoon niet naar de kapper zou gaan?

Taman

Matahari terbenam, dan taman itu kosong. Saya duduk di bangku, menunggu **teman** saya. Kami telah merencanakan untuk bertemu di sini satu jam yang lalu, tetapi dia selalu terlambat. Saat saya hendak menyerah dan pulang, saya melihat dia berlari ke arah saya. "Saya sangat menyesal," dia terengah-engah saat mencapai bangku. "Kereta saya **tertunda**." "Tidak apa-apa," kataku **memaafkan**. "Saya baru saja sampai di sini." Kami duduk dan mengobrol sejenak, saling mengobrol tentang kehidupan masing-masing sejak terakhir kali kami bertemu. Percakapan mengalir **dengan mudah**, dan rasanya seperti tidak ada waktu yang berlalu sama sekali sejak terakhir kali kami bertemu. Saat matahari terbenam, kami mengucapkan selamat tinggal dan berpisah. Kali berikutnya kami bertemu, di taman yang berbeda. Sekali lagi, dia terlambat, tetapi saya tidak keberatan. Senang rasanya memiliki seseorang untuk diajak bicara yang **mengerti** saya. Kami berbicara tentang impian dan **aspirasi** kami, hal-hal yang ingin kami lakukan dalam hidup kami. Dia bercerita tentang rencananya untuk berkeliling dunia, dan saya berbagi impian saya untuk menjadi seorang penulis. Saat matahari terbenam di hari yang lain, kami mengucapkan selamat tinggal sekali lagi, berjanji untuk tetap berhubungan kali ini.

Het park

De zon ging onder, en het park was leeg. Ik zat op het bankje te wachten op mijn **vriendin**. We hadden hier al een uur geleden afgesproken, maar ze was altijd te laat. Net toen ik het wilde opgeven en naar huis wilde gaan, zag ik haar naar me toe rennen. "Het spijt me zo," hijgde ze toen ze de bank bereikte. "Mijn trein **had vertraging**." "Het is goed," zei ik **vergevingsgezind**. "Ik ben hier net zelf." We gingen zitten en praatten een poosje, praatten bij over elkaars leven sinds we elkaar voor het laatst zagen. Het gesprek verliep **vlot**, en het leek alsof er helemaal geen tijd was verstreken sinds we elkaar voor het laatst hadden gezien. Toen de zon onderging, namen we afscheid en gingen onze eigen weg. De volgende keer dat we elkaar zagen, was in een ander park. Weer was ze te laat, maar dat vond ik niet erg. Het was fijn om iemand te hebben om mee te praten die me **begreep**. We spraken over onze dromen en **aspiraties**, dingen die we wilden doen met ons leven. Zij vertelde me over haar plannen om de wereld rond te reizen, en ik deelde mijn droom om schrijfster te worden. Toen de zon weer onderging, namen we afscheid van elkaar en beloofden we elkaar dit keer te blijven zien.

Jaren gingen voorbij, en onze **vriendschap** bleef sterk,

Tahun-tahun berlalu, dan **persahabatan** kami tetap kuat, meskipun kami tinggal di bagian negara yang berbeda sekarang. Kami tetap berhubungan melalui surat dan sesekali menelepon, saling berbagi berita tentang kehidupan kami. Ketika dia mengumumkan bahwa dia akan menikah, saya tidak **terkejut** - dia selalu menjadi tipe **petualang.** Tetapi ketika dia bertanya kepada saya, apakah saya akan menjadi pendamping pengantin wanita pada upacara pernikahannya yang berlangsung di belahan dunia lain dari tempat tinggal saya...itu butuh beberapa hal yang meyakinkan! Namun pada akhirnya saya tidak bisa membiarkan sahabat saya menikah tanpa saya di sisinya, jadi terlepas dari ketakutan saya (dan setelah banyak memohon darinya!)Saya **setuju** untuk ikut serta untuk apa yang ternyata menjadi **petualangan** seumur hidup.

Hari **pernikahan** akhirnya tiba. Saya gugup, tetapi bersemangat untuk menjadi bagian dari momen penting dalam kehidupan teman saya. Upacara pernikahannya sangat indah, dan dia tampak bahagia saat mengucapkan sumpahnya. **Setelah itu**, kami merayakannya dengan pesta besar - sepertinya semua orang yang dia kenal datang untuk merayakannya! Itu adalah hari **ajaib** yang tidak akan pernah terlupakan, dan persahabatan kami hanya tumbuh lebih kuat setelah petualangan itu.

ook al woonden we nu in verschillende delen van het land. We hielden contact door middel van brieven en af en toe telefoontjes, waarbij we nieuws over ons leven met elkaar deelden. Toen ze aankondigde dat ze ging trouwen, was ik niet **verbaasd** - ze was altijd al een **avontuurlijk** type geweest. Maar toen ze me vroeg of ik haar bruidsmeisje wilde zijn op haar huwelijksceremonie, dat halverwege de wereld zou plaatsvinden, van waar ik woonde... daar was wel wat overtuigingskracht voor nodig! Maar uiteindelijk kon ik mijn beste vriendin niet laten trouwen zonder mij aan haar zijde, dus ondanks mijn angsten (en na veel smeken van haar!) **stemde** ik ermee in om mee te gaan op wat het **avontuur** van mijn leven bleek te zijn.

De dag van de **bruiloft was** eindelijk aangebroken. Ik was nerveus, maar opgewonden om deel uit te maken van zo'n belangrijk moment in het leven van mijn vriendin. De ceremonie was prachtig, en ze zag er gelukkig uit toen ze haar geloften aflegde. **Daarna** vierden we het met een groot feest - het leek wel of iedereen die ze kende was gekomen om het met haar te vieren! Het was een **magische** dag die ik nooit zal vergeten, en onze vriendschap is na dat avontuur alleen maar sterker geworden.

Pertanyaan Pemahaman

1. Di mana penulis dan temannya pertama kali bertemu?

2. Mengapa teman penulis terlambat datang ke pertemuan mereka?

3. Apa yang dibicarakan oleh kedua sahabat itu ketika mereka bertemu lagi bertahun-tahun kemudian?

4. Bagaimana perasaan penulis saat menghadiri upacara pernikahan temannya?

5. Jelaskan latar upacara pernikahan.

6. Bagaimana persahabatan di antara kedua wanita ini berubah dari waktu ke waktu?

7. Apakah impian sang penulis?

8. Ke mana teman penulis berencana untuk bepergian?

9. Mengapa penulis ragu-ragu untuk menghadiri upacara pernikahan temannya?

Begrip vragen

1. Waar hebben de auteur en haar vriendin elkaar voor het eerst ontmoet?

2. Waarom was de vriend van de auteur te laat op hun afspraak?

3. Waar hadden de vrienden het over toen ze elkaar jaren later weer ontmoetten?

4. Hoe vond de schrijfster het om de huwelijksceremonie van haar vriendin bij te wonen?

5. Beschrijf de omgeving van de huwelijksceremonie.

6. Hoe is de vriendschap tussen de twee vrouwen in de loop der tijd veranderd?

7. Wat Is de droom van de auteur?

8. Waar is de vriend van de schrijver van plan heen te reizen?

9. Waarom aarzelde de schrijfster om de huwelijksceremonie van haar vriendin bij te wonen?